Contra os retóricos

FUNDAÇÃO EDITORA DA UNESP

Presidente do Conselho Curador
Mário Sérgio Vasconcelos

Diretor-Presidente
José Castilho Marques Neto

Editor-Executivo
Jézio Hernani Bomfim Gutierre

Assessor editorial
João Luís Ceccantini

Conselho Editorial Acadêmico
Alberto Tsuyoshi Ikeda
Áureo Busetto
Célia Aparecida Ferreira Tolentino
Eda Maria Góes
Elisabete Maniglia
Elisabeth Criscuolo Urbinati
Ildeberto Muniz de Almeida
Maria de Lourdes Ortiz Gandini Baldan
Nilson Ghirardello
Vicente Pleitez

Editores-Assistentes
Anderson Nobara
Jorge Pereira Filho
Leandro Rodrigues

SEXTO EMPÍRICO

Contra os retóricos

Tradução, apresentação e comentários
Rafael Huguenin e Rodrigo Pinto de Brito

Texto integral

2013 © da tradução brasileira
Título original: Πρὸς ῾Ρήτορας

Fundação Editora da Unesp (FEU)
Praça da Sé, 108
01001-900 – São Paulo – SP
Tel.: (0xx11) 3242-7171
Fax: (0xx11) 3242-7172
www.editoraunesp.com.br
www.livrariaunesp.com.br
feu@editora.unesp.br

CIP Brasil. Catalogação na Fonte
Sindicato Nacional dos Editores de Livros, RJ

E46c

Empírico, Sexto
   Contra os retóricos / Sexto Empírico; tradução, apresentação e comentários Rafael Huguenin e Rodrigo Pinto de Brito. – São Paulo: Editora Unesp, 2013.
   Tradução de: *Pros Rhtoras*
   ISBN 978-85-393-0391-5
   1. História – Filosofia.   2. Retórica.   I. Título.   II. Série.

13-0297.   CDD: 907.2
                                                                        CDU: 930
                                                                        042170

Editora afiliada:

Asociación de Editoriales Universitarias
de América Latina y el Caribe

Associação Brasileira de
Editoras Universitárias

Sumário

Apresentação . *VII*

Abreviaturas . *XI*

CONTRA OS RETÓRICOS . *1*

Comentários . *51*

Apresentação

I

Sexto Empírico é um filósofo cético cujas obras sobreviventes representam muito do que podemos saber sobre o pirronismo antigo. Apesar disso, sua biografia está imersa em aporias: não se sabe ao certo quando viveu – se seguirmos Diógenes Laércio,[1] há que se crer que estava no acme em meados do século III; por outro lado, Brandis[2] recua essa data em cerca de meio século, ou talvez quarenta anos, datando-o no início também do século III; mas é bastante seguro que fosse contemporâneo de Galeno, tendo vivido assim entre 180 e 210 d.C. Certamente era grego, médico por profissão e pode ter vivido por algum tempo em Atenas, Alexandria e/ou Roma. Contudo, desconhecemos o local onde de fato nasceu, viveu e morreu.

Quanto às obras, as que chegaram até nós são: ΠΥΡΡΩΝΕΙΩΝ ΥΠΟΤΥΠΩΣΕΩΝ [Esboços pirrônicos], composta por três par-

---

1 *Vidas dos filósofos* IX, 87, 116.
2 *Geschichte der griechischen Philosophie* [História da Filosofia Grega]. Berlim: Reimer, 1864. t.II, p.209 apud BROCHARD, V. *Os céticos gregos*. Trad. J. Conte. São Paulo: Odysseus, 2010. p.318.

tes, que, de modo geral, oferecem um esboço do que seja o pirronismo; ΠΡΟΣ ΔΟΓΜΑΤΙΚΟΥΣ [Contra os dogmáticos], por sua vez dividido em cinco livros: *Contra os lógicos* I e II, *Contra os físicos* I e II, e *Contra os éticos*, em um único livro; e ΠΡΟΣ ΜΑΘΗΜΑΤΙΚΟΥΣ [Contra os professores], dividido em seis livros: *Contra os gramáticos*, *Contra os retóricos*, *Contra os geômetras*, *Contra os aritméticos*, *Contra os astrólogos* e *Contra os músicos*.

Além das obras supracitadas, Sexto Empírico teria escrito ainda: ΙΑΤΡΙΚΑ ΥΠΟΜΝΗΜΑΤΑ [Tratado médico] (ou ΕΜΠΕΙΡΙΚΑ ΥΠΟΜΝΗΜΑΤΑ [Tratado empírico]) e ΠΕΡΙ ΨΥΧΗΣ [Sobre a alma].

II

Contra os professores é um ataque às artes, técnicas ou ofícios (τέχναι) que começa por uma polêmica contra as artes em geral e prossegue aprofundando a disputa, fazendo-a incidir, depois, sobre cada arte individual. Assim, Sexto Empírico alinha-se primeiramente aos epicuristas (*Contra os gramáticos* 1-7), para quem as artes não poderiam levar à sabedoria ou à perfeição, contudo, a seguir, Sexto alega que essa mesma refutação às artes de molde epicurista é dogmática. O ataque de Sexto, por outro lado, possui a mesma motivação que todos os seus outros ataques às filosofias dogmáticas, a rejeição da presunção inerente à assunção da sabedoria e do conhecimento, as aporias, controvérsias e disputas em torno da verdade e, finalmente, a pretensão de possuir o melhor ou derradeiro critério para o conhecimento dessa verdade, que leva à sabedoria (ou, inversamente, um ataque contra a negação radical da possibilidade do conhecimento, que é uma espécie de dogmatismo negativo).

Assim, em *Contra os professores*, bem como em todas as suas obras, Sexto Empírico usa os argumentos dogmáticos para se refutarem mutuamente, sem comprometer-se com as fundamen-

tações teóricas internas aos sistemas aos quais pertencem. Sua leitura é seletiva, mas profunda e selecionada com conhecimento de causa; sua finalidade imediata é fazer emergir aporias que levem o leitor a reter o assentimento quanto às questões em disputa, conduzindo-o por acaso à imperturbabilidade, que é o correlato cético e negativo da felicidade.

Dessa forma, o argumento de *Contra os retóricos*, um ataque aos que professam a possibilidade de se ensinar essa arte, começa com a busca pela definição da Retórica, que se demonstra aporética, porque os próprios filósofos dogmáticos são incapazes de oferecer uma definição unânime para ela (**1-10**); depois disso, Sexto envereda por definições aristotélicas e platônicas da Retórica (**10-20**) até chegar à posição acadêmica sobre essa arte, que provisoriamente oferecerá os argumentos necessários à refutação da noção estoica de Retórica (**20-43**). Em seguida, são apresentadas defesas de característica estoica (**43-48**), de onde se conclui a inconsistência da Retórica. Logo após, Sexto envereda para uma análise acurada sobre as próprias partes dessa arte (**48-60**), culminando com a sua finalidade, onde começam a se desenhar os ataques que serão lançados, agora, aos próprios critérios acadêmico (a que Sexto aderiu anteriormente) e estoico (**60-112**).

III

Esta tradução de ΠΡΟΣ ΡΗΤΟΡΑΣ é feita a partir do texto fixado por August Immanuel Bekker (BEKKER, I. *Sextus Empiricus* [*opera omnia*]. Berlim: Typis et Impensis Ge. Reimeri, 1842). Contudo, adotamos todas as emendas feitas por Hermann Mutschmann (MUTSCHMANN, H. *Sexti Empirici Opera*. v.III. Leipzig: Bibliotheca Scriptorum Graecorum et Romanorum Teubneriana, 1912). Cotejamos nossa tradução com a versão para o latim de Henri Estienne e Gentian Hervet (STEPHANI, H.; HERVET, G. *Sexti Empirici Opera Graece et Latini*. Leipzig: Sumptu Librariae Kuehnianae, 1841).

Abreviaturas

Alexandre de Afrodisias
   in Top. – Comentário aos Tópicos de Aristóteles

Aristóteles
   Rhet. – Arte retórica
   APr. – Primeiros analíticos

Cícero
   Acad. pr. – Academica priora

Diógenes Laércio
   D.L. – Vidas e doutrinas dos filósofos

Heródoto
   Hist. – História

Hesíodo
   Op. D. – Os trabalhos e os dias

Homero
   Ilíad. – Ilíada
   Odyss. – Odisseia

Platão
 Górg. – Górgias

Plutarco
 Vit. Par. – Vidas paralelas

Sêneca
 Ep. – Cartas

Sexto Empírico
 Adv. Log. – Contra os lógicos
 Adv. Phy. – Contra os físicos
 Adv. Gram. – Contra os gramáticos
 P.H. – Esboços pirrônicos

Contra os retóricos

ΠΡΟΣ ΡΗΤΟΡΑΣ.

Τοῖς περὶ γραμματικῆς διεξοδευθεῖσιν ἡμῖν ἀκόλουθον ἂν εἴη καὶ περὶ ῥητορικῆς λέγειν, ἀνδρικωτέρας ἤδη καθεστώσης καὶ τὸ πλέον ἐπ' ἀγορᾶς καὶ βημάτων ἐξεταζομένης. ἀλλ' ἐπεὶ κοινὸν ὑπάρξεώς τε καὶ ἀνυπαρξίας ἐστὶν ἡ ἔννοια, καὶ οὐδὲν τούτων ἕτερον οἷόν τέ ἐστι ζητεῖν μὴ προλαβόντας ὅ ἐστι τὸ ζητούμενον, φέρε πρῶτον σκεψώμεθα τί ἂν εἴη ῥητορική, τὰς ἐπιφανεστάτας εἰς τοῦτο τῶν φιλοσόφων ἀποδόσεις παρατιθέμενοι.

2 Πλάτων μὲν οὖν ἐν τῷ Γοργίᾳ κατὰ διοριστικὴν ἔφοδον τοιοῦτον ἔοικεν ἐξ ἐπισυνθέσεως ὅρον τῆς ῥητορικῆς ἀποδιδόναι "ῥητορική ἐστι πειθοῦς δημιουργὸς διὰ λόγων, ἐν αὑτοῖς τοῖς λόγοις τὸ κῦρος ἔχουσα, πειστική, οὐ διδασκαλική," τὸ μὲν "διὰ λόγων" προστιθεὶς τάχα παρόσον πολλά ἐστι τὰ πειθὼ τοῖς ἀνθρώποις ἐνεργαζόμενα χωρὶς λόγου, καθάπερ πλοῦτος καὶ δόξα καὶ ἡδονὴ καὶ κάλλος.
3 οἱ γοῦν παρὰ τῷ ποιητῇ δημογέροντες, καίπερ ἐκπεπολεμωμένοι καὶ τελέως ἀπηλλοτριωμένοι πρὸς τὴν Ἑλένην

Contra os retóricos

1 // Seguindo na nossa discussão sobre a Gramática,[1] devemos falar sobre a Retórica,[2] em si mais importante, e, em sua maior parte, já testada na assembleia e nos tribunais. Mas, uma vez que a noção de uma coisa é o comum tanto do que se predica dela quanto do que não se predica, e é impossível investigar qualquer um desses estados sem ter compreendido de antemão o que é o objeto sob investigação, consideremos primeiramente o que é a Retórica, comparando as mais notáveis reflexões sobre ela fornecidas pelos filósofos.

2 // Ora, Platão no *Górgias*,[3] usando o método da definição, parece oferecer uma definição composta da Retórica como a que se segue: "A Retórica é a criadora da persuasão por meio das palavras, tendo sua eficácia nas próprias palavras, sendo persuasiva, e não instrutiva", acrescentando o "por meio das palavras" provavelmente porque há muitas coisas que efetuam no homem a persuasão sem discurso, tais como riqueza, glória,

3 prazer e beleza. // Assim os anciãos do povo, em Homero, apesar de comprometidos com a guerra e totalmente alheios a Helena como a causa de suas desventuras,

ὡς κακῶν αἰτίαν γενομένην αὐτοῖς, ὅμως ὑπὸ τοῦ περὶ αὐτὴν κάλλους πείθονται, καὶ προσιούσης τοιαῦτά τινα πρὸς ἀλλήλους διεξίασιν,

οὐ νέμεσις Τρῶας καὶ ἐυκνήμιδας Ἀχαιοὺς
τοιῇδ' ἀμφὶ γυναικὶ πολὺν χρόνον ἄλγεα πάσχειν.

Φρύνη τε, ὡς φασίν, ἐπεὶ συνηγοροῦντος αὐτῇ Ὑπερίδου 4 ἔμελλε καταδικάζεσθαι, καταρρηξαμένη ""τοὺς χιτωνίσκους καὶ γυμνοῖς στήθεσι προκυλινδουμένη τῶν δικαστῶν πλεῖον ἴσχυσε διὰ τὸ κάλλος τοὺς δικαστὰς πεῖσαι τῆς τοῦ συνηγοροῦντος ῥητορείας. τὸ δὲ αὐτὸ καὶ ἐπὶ χρημάτων ἐστὶν ἡδονῆς τε καὶ δόξης· τούτων γὰρ ἕκαστον εὑρήσομεν οὕτω πεῖθον ὡς πολλάκις τινὰ τῶν καθηκόντων ὑπερβαίνειν. οὐ τοίνυν ἀσκόπως ὁ Πλάτων ἀποβλέπων εἰς τὴν δι' αὐτῶν γινομένην πειθὼ ἔλεξεν ὅτι ῥητορικὴ ἐστι πειθοῦς δημιουργὸς οὐχ ὁπωσοῦν ἀλλὰ διὰ λόγων. καὶ μὴν 5 οὐκ ἐπεὶ λόγοις πείθει, πάντως ἐστὶ ῥητορικὴ (καὶ γὰρ ἡ ἰατρικὴ καὶ αἱ ὁμοειδεῖς ταύτῃ τέχναι διὰ λόγου πείθουσιν), ἀλλ' εἴ τις ἐν αὐτοῖς προηγουμένως τοῖς λόγοις ὑποκειμένην ἔχει τὴν ἰσχύν, καὶ οὐ κοινῶς, ἐπείπερ καὶ ἡ γεωμετρία καὶ ἀριθμητικὴ καὶ πᾶσα ἡ τῷ γένει θεωρητικὴ τέχνη ἐν λόγοις προηγουμένως ἔχει τὸ κῦρος, ἀλλ' ὅταν σὺν τούτοις μὴ διδασκαλικήν, ὥσπερ γεωμετρία, ἀλλὰ πειστικὴν ποιῆται τὴν πειθώ· ὅπερ ἦν ἴδιον ῥητορικῆς.

Ξενοκράτης δὲ ὁ Πλάτωνος ἀκουστὴς καὶ οἱ ἀπὸ τῆς 6 στοᾶς φιλόσοφοι ἔλεγον ῥητορικὴν ὑπάρχειν ἐπιστήμην τοῦ εὖ λέγειν, ἄλλως μὲν Ξενοκράτους τὴν ἐπιστήμην λαμβάνοντος καὶ ἀρχαϊκῷ νόμῳ, ἀντὶ τῆς τέχνης, ἄλλως δὲ τῶν στωικῶν, ἀντὶ τοῦ βεβαίας ἔχειν καταλήψεις, ἐν σοφῷ μόνῳ φυομένην. τὸ δὲ λέγειν ἀμφότεροι παραλαμβάνουσιν ὡς διαφέρον τοῦ διαλέγεσθαι, ἐπειδήπερ τὸ μὲν ἐν συντομίᾳ κείμενον κἂν τῷ λαμβάνειν καὶ διδόναι λόγον διαλεκτικῆς ἐστὶν ἔργον, τὸ δὲ λέγειν ἐν μήκει καὶ διεξόδῳ 7

são ainda persuadidos pela sua beleza, e, à aproximação dela, dirigem-se uns aos outros desta maneira:

> Não é motivo de repreensão que Troianos e Aqueus, de belas grevas,
> Por tal mulher muito tempo dores padeçam.[4]

4   // Quando Friné, conforme dizem, estava prestes a ser condenada enquanto Hipérides a defendia, depois de rasgar as próprias vestes e, com os seios nus, jogar-se aos pés dos juízes, teve mais poder de persuadi-los por causa da sua beleza do que a Retórica de seu defensor.[5] O mesmo também é válido para o dinheiro, o prazer e a glória, pois veremos que cada um desses é tão persuasivo que, por vezes, faz alguns ultrapassarem os limites. Não foi sem razão, então, que Platão, considerando a persuasão produzida por eles, declarou que a Retórica é "a criadora da persuasão"
5   não por qualquer via que se escolha, mas "por meio das palavras". // Não há, contudo, sempre Retórica quando há persuasão pelas palavras (pois também a arte da Medicina e outras artes similares a essa persuadem por meio do discurso), mas somente caso seja uma arte que tem sua eficácia dependente principalmente das palavras. E isso não como as outras, tendo em vista que a Geometria, também, e a Aritmética e toda a arte classificada como teorética, nos discursos, principalmente, possui a eficácia, mas sempre que, em adição, se emprega persuasão não no sentido de instruir, como a Geometria, mas para induzir à persuasão. Pois essa era a característica peculiar da Retórica.

6   // Mas Xenócrates, o discípulo de Platão,[6] e os filósofos estoicos asseriram que a Retórica é "a ciência do bom discurso"; embora Xenócrates, por um lado, tomasse a palavra "ciência" em um sentido — na velha maneira, como um sinônimo de "arte" — enquanto os estoicos, por outro lado, tomassem-na em outro, como significando "a adesão a apreensões firmes", o que é inerente tão somente ao sábio.[7] Mas ambas as partes assumem que o sentido de "discurso" difere de discussão dialética,[8] tendo em vista que, enquanto, por um lado, se assentar na concisão e em receber e dar relato é a tarefa da Dialética,

θεωρούμενον ρητορικής ετύγχανεν ίδιον. εντεν γουν και Ζήνων ό Κιτιεύς ερωτηθείς ότω διαφέρει διαλεκτική ρητορικής, συστρέψας την χείρα και πάλιν εξαπλώσας έφη '"'τούτω," κατά μεν την συστροφήν το στρογγύλον και βραχύ της διαλεκτικής τάττων ιδίωμα, διά δε της εξαπλώσεως και εκτάσεως των δακτύλων το πλατύ της ρητορικής δυνάμεως αινιττόμενος.

8 Αριστοτέλης δε εν τω πρώτω των ρητορικών τεχνών απλούστερον παραδίδωσι την ρητορικήν τέχνην λόγων. και ζητουμένου προς αυτόν ότι και η ιατρική τέχνη εστί λόγων ιατρικών, απολογούμενοί τινές φασιν ότι η ιατρική τους λόγους εφ' έτερόν τι αναφέρει τέλος, καθάπερ την

9 υγείαν, η δε ρητορική άντικρύς εστι λόγων τέχνη. και άλλους δε εκτίθεται ο ανήρ ούτος όρους, περί ών ουκ αναγκαίον εστιν ημίν λέγειν τοις μη προηγουμένως τον περί ρητορικής διεξοδεύουσι λόγον, αλλ' όσον του την ιδιότητα ταύτης περινοήσαι προς την χειρισθησομένην ημίν αντίρρησιν. ης αρχή γένοιτ' άν ευθέως από της εκκειμένης νοήσεως. επεί γάρ τέχνην ή επιστήμην λόγων ή του λέγειν και πειθούς περιποιητικήν βούλονται τυγχάνειν την ρητορικήν οι την έννοιαν αυτής αποδιδόντες, πειρασόμεθα και ημείς των τριών τούτων εχόμενοι διδάσκειν το ανυπόστατον αυτής.

10 Πάσα τοίνυν τέχνη σύστημά εστιν εκ καταλήψεων συγγεγυμνασμένων και επί τέλος εύχρηστον τω βίω λαμβανόντων την αναφοράν· η δε ρητορική ουκ έστι σύστημα εκ καταλήψεων, ως παραστήσομεν· ουκ άρα έστιν η

11 ρητορική. των γάρ ψευδών ουκ εισί καταλήψεις, ψευδή δέ εστι τα λεγόμενα της ρητορικής είναι θεωρήματα, τοιαύτα όντα "ούτω παραπειστέον τους δικαστάς και οργήν κινητέον ή έλεον και μοιχώ συνηγορητέον ή ιεροσύλω." εμφαίνει το καθήκειν ούτω τους δικαστάς παραπείθειν

7 // falar em abundância e em exposição detalhada, por outro lado, constitui a característica especial da Retórica. Por isso, Zenão de Cítio,⁹ quando perguntado sobre o que diferencia a Dialética da Retórica, fechando e depois abrindo a mão, disse: "Diferem nisso", comparando, por um lado, o caráter curto e compacto da Dialética ao cerrar da mão, e sugerindo, por outro, a abertura do estilo retórico pela abertura e extensão dos dedos.¹⁰

8 // No primeiro dos seus livros sobre *A arte Retórica*, Aristóteles descreve a Retórica em termos mais simples do que as definições apresentadas anteriormente, como "a arte do discurso".¹¹ E quando é objetado contra ele que a arte da Medicina também é a arte dos discursos médicos, alguns dizem, de modo a defendê-lo, que a arte médica dirige seu discurso para um outro fim, tal como a saúde, mas a Retórica é precisamente a arte

9 dos discursos. // E esse homem lança também outras definições, as quais não é necessário mencionar, porque a princípio não estamos discutindo a descrição da Retórica, mas somente na medida em que isso nos capacita a perceber seu caráter especial, com vistas à refutação de que nos propomos a lançar mão. Daí será obtido diretamente o princípio para a exposição do conceito. Pois, tendo em vista que aqueles que oferecem um conceito de Retórica asserem que ela é uma arte, ou uma ciência do discurso, ou produtora do dizer e da persuasão, nós tentaremos, acercando-nos dessas três descrições, demonstrar a sua inconsistência.

10 // Ora, toda arte é "um sistema composto por apreensões exercidas em conjunto e dirigidas a um fim útil para a vida".¹² Mas, como estabeleceremos, a Retórica não é um sistema de apreensões, portanto, a Re-

11 tórica não é [arte].¹³ // Pois das coisas falsas não há apreensões, mas o que se considera como as regras da Retórica são coisas falsas, sendo as seguintes: "aos juízes deve-se vencer desta maneira", "deve-se excitar cólera ou piedade", "é preciso defender a causa do adúltero ou do ladrão de templos", regras que declaram o dever de assim enganar os juízes e excitar cólera ou piedade.

καὶ ὀργὴν ἢ ἔλεον κινεῖν· ἅπερ οὐκ ἔστιν ἀληθῆ, καὶ διὰ τοῦτο ἀκατάληπτα. οὐ τοίνυν αὐτῶν εἰσὶν αἱ καταλήψεις· ᾧ συνεισέρχεται "'τὸ μηδὲ τὴν ῥητορικὴν ὑπάρχειν. καθάπερ οὖν οὐκ ἂν εἴποιμεν τὴν τοιχωρυχικὴν εἶναί τινα τέχνην παραινοῦσαν τὸ "οὕτω δεῖ τοῖχον διορύττειν," καὶ τὴν κλεπτικὴν τὸ "οὕτω καθήκει κλέπτειν καὶ βαλαντιοτομεῖν," (ψευδῆ γάρ ἐστι ταῦτα, καὶ οὔτε καθήκοντα οὔτε θεωρήματα), οὕτως οὐδὲ τὴν ῥητορικὴν ὑποληπτέον ἔχειν τεχνικὴν ὑπόστασιν, ἐπὶ τοιούτοις παραγγέλμασι σαλεύουσαν. ἀμέλει γέ τοι καὶ οἱ περὶ Κριτόλαον τὸν περιπατητικόν, καὶ πολὺ πρότερον οἱ περὶ Πλάτωνα, εἰς τοῦτο ἀπιδόντες ἐκάκισαν αὐτὴν ὡς κακοτεχνίαν μᾶλλον ἢ τέχνην καθεστηκυῖαν. καὶ μὴν ἐπεὶ πᾶσα τέχνη ἤτοι ἑστηκὸς ἔχει τὸ τέλος καὶ πάγιον, ὡς φιλοσοφία καὶ γραμματική, ἢ τοῦ ὡς τὸ πολὺ ἐχόμενον, καθάπερ ἰατρική τε καὶ κυβερνητική, δεήσει καὶ τὴν ῥητορικήν, εἴπερ ἔστι τέχνη, τὸ ἕτερον τούτων ἐπαγγέλλεσθαι. οὔτε δὲ ἑστηκὸς ἔχει πᾶν τέλος (οὐδὲ γὰρ ἀεὶ περιγίνεται [περὶ] τῆς τῶν ἀντιδίκων νίκης, ἀλλ' ἔσθ' ὅτε ἕτερον μὲν προτίθεται ὁ ῥήτωρ ἕτερον δὲ ἐξακολουθοῦν ἔχει τέλος) οὔτε τοῦ ὡς τὸ πολὺ ἐφιέμενον, ἐπεὶ πᾶς ῥήτωρ ἑαυτῷ συγκρινόμενος πολλάκις ἐλείφθη μᾶλλον ἢ ἐνίκησεν, ἅτε διὰ παντὸς ἑτέρου τὰς ἐπιχειρήσεις αὐτοῦ διαλύοντος. οὐκ ἄρα τέχνη ἐστὶν ἡ ῥητορική. εἴπερ τε ἐνδέχεται γενέσθαι ῥήτορα μὴ μετασχόντα τῆς ῥητορικῆς τέχνης, οὐκ ἂν εἴη τις τέχνη ῥητορική. ἐνδέχεται δέ γε ἱκανῶς καὶ κατὰ τρόπον ῥητορεύειν μὴ μετασχόντα ῥητορικῆς, ὡς καὶ περὶ Δημάδου παρειλήφαμεν· κωπηλάτης γὰρ ὢν ὁμολογεῖται ἄριστος γεγονέναι ῥήτωρ, καὶ σὺν τούτῳ ἄλλοι παμπληθεῖς. τοίνυν οὐκ ἔστι τέχνη ἡ ῥητορική. ἄλλως τε καὶ ἐπεὶ τούτοις "ἀπιστοῦμεν ὡς τοιούτοις γεγο-

Contra os retóricos

Mas essas não são verdadeiras e, por esta razão, não são apreensíveis. Então, delas não há apreensão, de onde se segue também que a Retórica não é arte.[14] // Assim como não diríamos que o arrombamento é uma arte que aconselha: "deste modo deve-se arrombar uma casa", e o roubo uma arte que aconselha "deste modo chega-se a roubar e a furtar bolsas" (pois essas coisas são falsas, e não deveres ou regras), então também não devemos supor que a Retórica tenha qualquer fundamento técnico quando é baseada em tais imposições volúveis. E, de fato, os colegas de Critolau,[15] o peripatético, e os colegas de Platão, muito antes de o próprio Critolau ter considerado isso, condenaram a Retórica como sendo fundamentalmente um artifício mais do que uma arte. // Além disso, visto que toda arte tem também um fim estável e fixo, como a Filosofia e a Gramática, ou como muitas das que também possuem, como a Medicina e a Navegação, será preciso que a Retórica, se for arte, seja considerada outra [arte] dessas. // Mas não tem ela fim sempre estável (pois nem sempre evita que se seja injuriado pelos oponentes, e algumas vezes o retórico propõe um fim, mas encontra um fim diferente como resultado). // Tampouco, além disso, atinge seu fim na maioria das vezes, tendo em vista que todo retórico, quando suas próprias experiências são comparadas, acaba sendo mais vezes derrotado do que vitorioso, porque o oponente constantemente refuta seus argumentos. // A Retórica, portanto, não é uma arte. Do mesmo modo, se é possível tornar-se retórico sem ter algum conhecimento da arte da Retórica, então a Retórica não seria uma arte. Mas é possível, claramente, fazer um discurso de modo apropriado sem ter algum conhecimento da Retórica, conforme dissemos acerca de Dêmades:[16] pois é de comum acordo que, sendo barqueiro, tornou-se excelente retórico, e há vários outros casos como esse. Sendo assim, a Retórica não é arte. // Além do mais, se não cremos que esses homens foram tais como descrevemos

νόσι καὶ ἐν ἕξει καὶ τοιαύτης τινὸς τριβῆς ἐπὶ τὸ ῥητορεύειν παρεληλυθόσιν, ἀλλ' οὖν γε ἐν τῷ καθ' ἡμᾶς βίῳ
πολλοὺς πάρεστιν ὁρᾶν λέγοντας μὲν εὐφυῶς ἐπὶ δικαστηρίων καὶ ἐν ἐκκλησίαις, τὰ δὲ τεχνικὰ τῆς ῥητορικῆς πα-
18 ραγγέλματα μὴ γινώσκοντας. καὶ ἀντιστρόφως, εἰ οἱ ἐξη-
κριβωκότες [ἐπὶ πλεῖον] καὶ ἐπὶ πλεῖον ἐκπονήσαντες τὸν
τεχνικὸν τῆς ῥητορικῆς λόγον ἀδυνατοῦσι ῥητορεύειν ἐπὶ
δικαστηρίων καὶ ἀγορᾶς, οὐ ῥητέον τεχνικὴν μέθοδον εἶναι
τὴν ῥητορικήν. ἀλλὰ μὴν ὡς ὁ σύμπας οἶδε βίος, οἱ σο-
φιστεύοντες ἐπ' ἄκρον μὲν τὴν ῥητορικὴν ἐξήσκησαν τεχνολογίαν, ἰχθύων δὲ ἀφωνότεροι ἐπὶ τῆς ὑπαίθρου θεω-
19 ροῦνται. τοίνυν οὐ κατὰ τέχνην εἰσί τινες ῥήτορες. ὅθεν
καὶ γελᾶν ἔστιν ἐπ' αὐτούς, ὅταν πρὸς τοῦτον ἀπολογού-
μενοι τὸν ἔλεγχον φάσκωσιν ὅτι, ὥσπερ αἱ ἀκόναι τέμνειν
μὲν οὐ πεφύκασιν ὀξύνουσαι δὲ τὴν μάχαιραν τέμνειν
παρασκευάζουσιν, οὕτω καὶ αὐτοὶ ἀδυνατοῦσι μὲν εἰπεῖν
ὑπὸ τῆς ἀηθείας, ἄλλους δὲ διὰ τέχνης προάγοντες λέγειν
ποιοῦσιν. οὐκ ᾔδεσαν γὰρ οἱ θαυμάσιοι τὴν ἀνομοιότητα
ταύτης τῆς εἰκόνος, εἴ γε ἡ μὲν ἀκόνη οὐχ ἣν εἶχε δύναμιν, ταύτην τῷ σιδήρῳ ἐμποιεῖν πέφυκεν, αὐτοὶ δὲ ἐπαγ-
γέλλονται ὡς προηγούμενον ἔργον, ἣν ἔχουσι τέχνην, ταύτην τῷ πέλας περιποιήσειν.

20 Οἱ δὲ περὶ τὸν Κριτόλαον καὶ οἱ ἀπὸ τῆς Ἀκαδημίας,
ἐν οἷς ἐστὶ Κλειτόμαχος καὶ Χαρμίδας, εἰώθασι καὶ οὗτοι
τοιαῦτά τινα λέγειν, ὅτι τὰς μὲν τέχνας οὐκ ἐκβάλλουσιν
αἱ πόλεις πάνυ τι βιωφελεῖς οὔσας ἐπιστάμεναι, ὡς οὐδὲ
τοὺς μὲν οἰκονομικοὺς τῶν οἴκων ἐκβάλλομεν τοὺς δὲ
βουκόλους ἐκ τῆς ἀγέλης, τὴν μέντοι ῥητορικὴν πάντες
πανταχόθεν ὡς πολεμιωτάτην ἐδίωξαν, ὥσπερ ὁ μὲν Κρη-
τικὸς νομοθέτης εἶρξας ἐπιβαίνειν τῆς νήσου τοὺς ἐν λό-
21 γοις '''ἀλαζονευσαμένους, ὁ δὲ Σπαρτιάτης Λυκοῦργος, ὡς

e que eles desfrutaram da oratória por meio da experiência e da prática, ainda assim poderemos ver muitos em nossa vida cotidiana que falam admiravelmente nos tribunais e assembleias, embora não tenham conhecimento das regras técnicas da Retórica.[17] // E, reciprocamente, se aqueles que estudaram minuciosamente e trabalharam duro nas técnicas do discurso retórico são incapazes de fazer um discurso nos tribunais e na assembleia, pode-se negar que a Retórica seja um método técnico. Mas, de fato, como todo mundo sabe, embora os professores, por um lado, tenham estudado até o ponto máximo o tratamento sistemático da Retórica, são considerados em público, por outro lado, mais mudos do que peixes. // Assim, eles não são retóricos por causa da arte. Daí é possível rir-se deles quando, defendendo-se contra esta confutação, afirmam que, assim como as pedras de amolar não são feitas para cortar, mas, amolando a espada, tornam-na capaz de cortar, do mesmo modo, eles próprios, embora sejam incapazes de discursar por inexperiência, fazem outros homens falar instruindo-os por meio da arte. Pois esses admiráveis retóricos não perceberam a dissimilaridade dessa comparação, uma vez que, se a pedra de amolar, por um lado, não possuía esse poder de implantar no ferro sua própria qualidade, eles professam, por outro lado, como principal tarefa, já que possuem tal arte, transmiti-la ao próximo.

// Os seguidores de Critolau e os homens da Academia, incluindo Clitômaco e Cármides,[18] tinham o hábito de argumentar da maneira que se segue: que as cidades não expulsam as artes por saberem que elas são extremamente úteis para a vida, assim como não expulsamos domésticos hábeis das casas ou boiadeiros dos rebanhos. Mas, no entanto, todos os homens, em todos os lugares, caçaram a Retórica por ser muito hostil, tal como, por exemplo, o legislador cretense, que proibiu aqueles que se orgulhavam de sua oratória de se estabelecerem em sua ilha, // e também o espartano Licurgo,[19] que, tornando-se um

ἂν ζηλωτὴς Θάλητος τοῦ Κρητὸς γενόμενος, τὸν αὐτὸν τοῖς Σπαρτιάταις νόμον εἰσηγήσατο· παρ' ἣν αἰτίαν πολλοῖς ὕστερον χρόνοις τὸν ἐπὶ ξένης ῥητορικὴν ἐκπονήσαντα νεανίαν ἐπανελθόντα ἐκόλασαν οἱ ἔφοροι, τὴν αἰτίαν προσθέντες τῆς καταδίκης ὡς δολεροὺς λόγους ἐπὶ παρακρούσει τὰς Σπάρτας ἐμελέτησεν. καὶ αὐτοὶ δὲ διέμειναν ῥητορικὴν μισοῦντες, ἀφελεῖ δὲ βραχυλογίᾳ χρώμενοι. ὅθεν καὶ ὁ ἀντιχειροτονηθεὶς Ἀθηναίοις ὑπ' αὐτῶν πρὸς 22 Τισσαφέρνην πρεσβευτής, τῶν Ἀθηναίων μακρὰς καὶ ποικίλας ῥήσεις διεξιόντων, δύο τῇ βακτηρίᾳ γραμμὰς κατὰ τοῦ ἐδάφους χαράξας, τὴν μὲν εὐθεῖαν καὶ μικρὰν τὴν δὲ ἐπιμήκη καὶ σκολιάν, "τούτων" εἶπεν, "ὦ βασιλεῦ, ὁποτέραν θέλεις ἑλοῦ," αἰνιττόμενος διὰ μὲν τῆς ἐπιμήκους καὶ σκολιᾶς γραμμῆς τὴν τερθρείαν τὴν ῥητορικήν, διὰ δὲ τῆς βραχείας ἅμα καὶ εὐθείας τὴν ἀφελῆ καὶ σύντομον εὐθυρρημοσύνην, δι' ἣν οὐκ ἐν οἰκείοις μόνοις 23 ἀλλὰ καὶ ξένοις τὴν ἀπεριττότητα τοῦ λόγου μεταδιώκουσιν. ἐκ μέσων μέντοι γε καὶ τὸν Χίων πρεσβευτὴν περὶ ἐξαγωγῆς πυροῦ δεόμενον, ἐπεὶ μακρῶς ἡρμήνευσε τὴν δέησιν, ἄπρακτον ἐξαπέστειλαν, ἑτέρου δὲ πεμφθέντος συντομωτέρου (ἤπειγε γὰρ ἀνάγκη τοὺς Χίους) ἔδοσαν· κενὸν γὰρ θύλακον αὐτοῖς οὗτος ἀνατείνας ἀλφίτων αὐτὸν ἔφη δεῖσθαι. ὅμως δ' οὖν καὶ τοῦτον ὡς ἀδολέσχην ἐμέμψαντο· ἀποχρώντως γὰρ κενὸς δειχθεὶς ὁ θύλακος ἐσήμηνε τὴν τῶν Χίων αἴτησιν. ἔνθεν ὁ τραγικὸς Ἴων 24 κινηθεὶς εἶπεν ἐπ' αὐτῶν

"'οὐ γὰρ λόγοις Λάκαινα πυργοῦται πόλις,
ἀλλ' εὖτ' Ἄρης νεοχμὸς ἐμπέσῃ στρατῷ,
βουλὴ μὲν ἄρχει, χεὶρ δ' ἐπεξεργάζεται,

ἅτε βουλευομένων μὲν τὰ κράτιστα, στυγούντων δὲ τὴν ῥητορικήν. ὅθεν εἰ μὴ τὰς τέχνας ἐκβάλλουσιν αἱ πόλεις,

admirador de Tales de Creta,²⁰ introduziu a mesma lei entre espartanos. E, por isso, muitos anos depois, os éforos puniram um jovem que estudara Retórica no estrangeiro quando do seu retorno, alegando como causa da sua condenação que ele praticara um artificioso modo de falar para deixar Esparta confusa. E os próprios espartanos continuaram a detestar

22 a Retórica e a empregar o discurso que é simples e curto. // Daí, também, o homem que eles elegeram por voto como embaixador, Tisafernes,²¹ em razão de se oporem aos atenienses, que faziam longas e complicadas arengas, desenhou duas linhas no solo com seu bastão, uma reta e curta, a outra longa e torta, e disse: "escolha, ó rei, qual destas duas lhe agrada", com a linha longa e torta aludindo à vagueza da Retórica, e com a linha que era tanto curta quanto reta à simples e concisa Retidão do discurso.

23 // Por causa disso, procuraram a simplicidade do discurso não apenas entre os de casa, mas também entre os estrangeiros.

E quando o embaixador de Quíos fez uma petição pela exportação de grãos, eles mandaram-no embora de sua assembleia de mãos vazias, porque ele fez sua petição muito longamente, mas quando outro homem mais conciso foi enviado (pois os habitantes de Quíos eram duramente pressionados pela necessidade), eles reconheceram sua petição, pois este homem ergueu diante deles uma saca vazia e disse: "isto precisa de farelo de cevada". Ainda assim, mais uma vez, eles censuraram esse homem como um tagarela, pois apenas mostrar a saca vazia já indicaria suficientemente

24 a petição dos habitantes de Quíos.²² // Por isso, o poeta trágico Íon²³ foi impelido a dizer sobre eles:

> Pois não com discursos se fortifica espartana cidade,
> mas sempre que Ares incansável cai sobre o exército,
> o Conselho comanda e a mão forte executa,

significando que eles são excelentes em planejar, mas detestam a Retórica. Consequentemente, se as cidades não expulsam as artes,

ἐκβεβλήκασι δὲ τὴν ῥητορικήν, οὐκ ἂν εἴη τῶν τεχνῶν ἡ
25 ῥητορική. τὸ μὲν γὰρ ἀναστρέφειν, καὶ λέγειν ὡς καὶ φιλοσόφους ἐξώρισάν τινες τῶν Ἑλληνίδων πόλεων, εὔηθές
ἐστιν. πρῶτον μὲν γὰρ οὐκ ἂν ἔχοιεν τούτῳ παρασχεῖν
μαρτυρίαν ὥσπερ ἐπὶ ῥητορικῆς οἱ τοὐναντίον συναγαγόντες· ἔπειτα εἰ καὶ ἐξέβαλόν τινες τῶν πόλεων φιλοσοφίαν,
οὐ κατὰ γένος πᾶσαν ἐξέβαλον ἀλλὰ τινὰς αἱρέσεις, οἷον
τὴν Ἐπικούρειον ὡς ἡδονῆς διδάσκαλον, τὴν Σωκρατικὴν
δὲ ὡς ἐκφαυλίζουσαν τὸ θεῖον. αἱ μέντοι γε προειρημέναι πόλεις οὐ τινὰ μὲν παρῃτήσαντο ῥητορικὴν τινὰ δὲ
προσήκαντο, ἀλλὰ κοινῶς πᾶσαν περιέστησαν.
26 Πρός γε μὴν τοῖς εἰρημένοις, καὶ εἰ τέχνη πάντως
ἐστὶν ἡ ῥητορική, ἤτοι τῷ ἔχοντι ἢ ταῖς πόλεσιν ἔσται
χρειώδης ὡς καὶ αἱ λοιπαὶ τῶν τεχνῶν· οὔτε δὲ τῷ ἔχοντι
οὔτε ταῖς πόλεσιν ἐστιν ὠφέλιμος, ὡς παραστήσομεν· οὐκ
27 ἄρα τέχνη καθέστηκεν. καὶ δὴ τῷ μὲν ἔχοντι οὐκ ἔστιν
ὠφέλιμος, ἐπεὶ πρῶτον μὲν ἐν ἀγοραῖς καὶ γραμματοφυλακείοις ἀναγκαῖόν ἐστι καλινδεῖσθαι, κἄν τε θέλῃ κἄν τε
μὴ θέλῃ, μετὰ μοχθηρῶν καὶ παλιμβόλων καὶ συκοφαντῶν διατρίβειν, εἰς τοὺς αὐτοὺς ἐκείνοις τόπους κατερχόμενον, εἶτα καὶ τῆς αἰδοῦς ὀλίγην ποιεῖσθαι φειδώ, ἵνα
28 μὴ εὐκαταφρόνητος εἶναι δοκῇ τοῖς πανουργοτέροις, θρασέως δὲ λέγειν καὶ τὴν τόλμαν ὥσπερ ὅπλον προβεβλῆσθαι, ἵνα φοβερὸς ᾖ τοῖς ἀντιδίκοις, ἀπατητικόν τε καὶ
γόητα τυγχάνειν ''' καὶ χειρίστοις ἐντεθραμμένον πράγμασι,
μοιχείαις τε καὶ κλοπαῖς καὶ ταῖς πρὸς τοὺς γονεῖς ἀχαριστίαις, εἰς τὸ πραγματικῶς ταῦτα διελέγχειν ὅτε δεῖ, καὶ
29 πάλιν ἐπιθολοῦν, ἔχειν δὲ ἐχθροὺς πολλοὺς καὶ μῖσος πρὸς
πάντας, τοὺς μὲν ὅτι ἀντῃδικήθησαν, τοὺς δὲ εἰδότας
ὅτι τοῦ μισθωσαμένου ἐστί, καὶ ὃ ἄλλους διέθηκε, τοῦτο
καὶ αὐτοὺς ποτε πλείονι λήμματι δελεασθεὶς διαθήσει,

25 mas expulsaram a Retórica, a Retórica não será uma das artes. // Ora, reverter o argumento e alegar que algumas das cidades gregas também baniram filósofos é estupidez. Pois, primeiramente, eles não serão capazes de fornecer evidências disso, como fazem aqueles que chegaram à conclusão oposta no caso da Retórica. E, em segundo lugar, se de fato algumas das cidades expulsaram a Filosofia, não a expulsaram em todo gênero, mas apenas certos sectos, como os epicuristas, por exemplo, por ensinarem o prazer, e os socráticos, por depreciarem a Divindade. Mas as cidades mencionadas anteriormente não rejeitaram um tipo de Retórica e admitiram outro; evitaram-na em sua totalidade, sem exceções.

26 // Acrescente-se ao que foi dito que, se a Retórica é uma arte completa, ela será útil ao seu possuidor ou às cidades, como o resto das artes. Mas ela não é útil nem ao seu possuidor e nem às cidades, como estabeleceremos. Portanto, ela não é uma arte.

27 // Ora, para o seu possuidor ela não é útil, visto que, em primeiro lugar, é necessário ir constantemente a assembleias e cartórios, quer se queira ou não, e passar muito tempo junto de tratantes, suspeitos e traidores, descendo aos mesmos lugares que eles, além de fazê-lo, em segundo lugar, desprovido de honra, para não ser desprezado pela opinião desses inescru-

28 pulosos. // Além disso, deve também discursar com audácia e postar-se de modo contundente, como uma lança, para que seja terrível aos olhos dos oponentes, assim como falacioso e trapaceiro quando está entre os que praticam as piores ações, tais como adultérios, roubos e ingratidões para com os pais, ocasião em que é preciso tanto expor habilmente quanto, ao

29 contrário, ocultar essas coisas. // Ele deve também ter muitos inimigos e ser odiado entre eles, alguns porque sofreram retaliação, outros porque estão conscientes de que é hábito de todo contratado, quando atraído por uma taxa maior,

μετὰ τοῦ διὰ παντὸς ἀγωνιᾶν καὶ πειρατοῦ τρόπον ὁτὲ 30
μὲν φεύγειν ὁτὲ δὲ διώκειν, ὥστε κοπούμενον νύκτωρ καὶ
μεθ' ἡμέραν ὑπὸ τῶν πράγματα ἐχόντων ὀχλεῖσθαι, με-
στὸν δὲ ἔχειν τὸν βίον θρήνων τε καὶ δακρύων, καὶ τινῶν
μὲν εἰς δεσμωτήριον τινῶν δὲ ἐπὶ τύμπανον ἀπαγομένων.
ὥστε τῷ μὲν ἔχοντι ἐπιβλαβὴς ἡ ῥητορική.

Καὶ μὴν οὐδὲ ταῖς πόλεσίν ἐστιν ὠφέλιμος· οἱ γὰρ 31
νόμοι πόλεών εἰσι σύνδεσμοι, καὶ ὡς ψυχὴ σώματος ἐκ-
φθαρέντος φθείρεται, οὕτω νόμων ἀναιρεθέντων καὶ αἱ
πόλεις διόλλυνται. παρὸ καὶ ὁ θεολόγος Ὀρφεὺς τὸ ἀναγ-
καῖον αὐτῶν ὑποφαίνων φησὶν
  ἦν χρόνος ἡνίκα φῶτες ἀπ' ἀλλήλων βίον εἶχον
  σαρκοδακῆ, κρείσσων δὲ τὸν ἥττονα φῶτα δάιζεν.
μηδενὸς γὰρ ἐπιστατοῦντος νόμου ἕκαστος ἐν χερσὶ τὸ 32
δίκαιον εἶχε, καὶ ὡς
  ἰχθύσι καὶ θηρσὶ καὶ οἰωνοῖς πετεηνοῖς
ἐπιτέτραπται
  ἔσθειν ἀλλήλους, ἐπεὶ οὐ δίκη ἔστι μετ' αὐτοῖς,
"μέχρις ὅτου ὁ θεὸς οἰκτείρων μογοῦσιν αὐτοῖς θεσμο-
φόρους θεὰς ἐξαπέστειλεν, ἃς ἐπὶ τῷ τὴν ἀλληλοφάγον
ἀνομίαν καταλῦσαι πλέον ἢ ἐπὶ τῷ καρποῖς ἡμερῶσαι τὸν
βίον ἐθαύμασαν ἄνθρωποι. ἐντεῦθεν καὶ οἱ Περσῶν χα- 33
ρίεντες νόμον ἔχουσι βασιλέως παρ' αὐτοῖς τελευτήσαντος
πέντε τὰς ἐφεξῆς ἡμέρας ἀνομίαν ἄγειν, οὐχ ὑπὲρ τοῦ
δυστυχεῖν ἀλλ' ὑπὲρ τοῦ ἔργῳ μαθεῖν ἡλίκον κακόν ἐστιν
ἡ ἀνομία, σφαγὰς καὶ ἁρπαγὰς καὶ εἴ τι χεῖρόν ἐστιν
ἐπάγουσα, ἵνα πιστότεροι τῶν βασιλέων φύλακες γένωνται.
ἀλλ' ἥ γε ῥητορικὴ κατὰ τῶν νόμων εἰσκεκύληται. τεκμή- 34
ριον δὲ παμμέγεθες τὸ παρὰ μὲν τοῖς βαρβάροις, παρ' οἷς ἢ
οὐδ' ὅλως ἢ σπανίως ἔστι ῥητορική, τοὺς νόμους ἀσαλεύ-
τους μένειν, παρὰ δὲ τοῖς προσιεμένοις αὐτὴν ὁσημέραι

tratar antigos clientes da mesma maneira que trata todos os oponentes.

30 // Além do mais, ele deve estar engajado continuamente em contendas e, como um pirata, ora fugir ora perseguir, ficando assim cansado e preocupado noite e dia por aqueles em apuros, tendo desse modo sua vida repleta de lágrimas e lamentações, como os que são levados para a prisão ou para o tronco para receberem chicotadas. Assim, a Retórica é prejudicial àquele que a possui.

31 // Ademais, ela também não é útil para as cidades, pois são as leis que mantêm as cidades unidas, e, assim como a alma perece quando o corpo perece, também as cidades são destruídas quando as leis são abolidas. Por isso, o teólogo[24] Orfeu[25] aponta para a sua necessidade quando diz:

> Houve tempo em que mortais mantinham a vida devorando
> a dos outros, e o mais forte despedaçava o mais fraco,[26]

32 // pois quando nenhuma lei estava em vigência, cada homem possuía o direito nas próprias mãos, assim como

> aos peixes e feras e aos corvos alados é permitido
> devorar uns aos outros, pois não há justiça entre eles.[27]

Até que o deus, apiedando-se por esses sofrimentos, enviou deusas zeladoras das leis, que os homens adoravam mais pelo modo como acabaram com o canibalismo sem lei do que pelo modo como, pelos frutos da terra,
33 cultivaram a vida. // Por isso, também, os astutos persas têm uma lei que diz que, quando da morte do seu rei, eles devem praticar a ilegalidade pelos próximos cinco dias, não por estarem em um estado de infortúnio, mas para aprenderem, pela experiência, como é vil uma grande ilegalidade, produzindo assim, como de fato faz, assassinatos, rapinagens e coisas que são, se isso for possível, muito piores. Desse modo, eles poderiam
34 se tornar guardiões mais confiáveis dos seus reis. // Mas a Retórica foi colocada em evidência em oposição às leis. Uma prova muito forte disso é o fato de que entre os bárbaros, entre os quais não há nenhuma Retórica, mesmo que pouca, as leis permanecem imutáveis,

35 νεοχμοῦσθαι, ὥσπερ καὶ παρ' Ἀθηναίοις, καθάπερ καὶ Πλάτων ὁ τῆς ἀρχαίας κωμῳδίας ποιητὴς λέγει· καὶ γὰρ τρεῖς ἐάν τις, φησίν, ἐκδημήσῃ μῆνας, οὐκέτι ἐπιγινώσκει τὴν πόλιν, ἀλλὰ παραπλησίως τοῖς νυκτὸς περιπατοῦσι παρὰ τὰ τείχη καθάπερ τινὰς ἀγγάρους κατάγεσθαι, τὸ
36 ὅσον ἐπὶ τοῖς νόμοις μὴ τῆς αὐτῆς οὔσης πόλεως. πρόδηλον δέ ἐστι τὸ κατὰ τῶν νόμων αὐτὴν ὑπάρχειν καὶ ἐξ ὧν ἐν ταῖς κακοτέχνοις τέχναις ὑποτίθενται. ὁτὲ μὲν γὰρ παραινοῦσι τῷ ῥητῷ καὶ ταῖς φωναῖς τοῦ νομοθέτου προσέχειν ὡς σαφέσι καὶ μηδεμιᾶς ἐξηγήσεως δεομέναις, ὁτὲ δὲ ἀναστρέψαντες μήτε τῷ ῥητῷ μήτε ταῖς φωναῖς ἀλλὰ
37 τῇ διανοίᾳ κατακολουθεῖν· οὐδὲ γὰρ ὁ κολάζειν ἀξιῶν τὸν ἐπανατεινάμενόν τινι σίδηρον τὸν ὁπωσοῦν ἐπανατεινάμενον, οἶον δακτύλιον, ἢ ὁποῖον, καθάπερ βελόνην, κολάζειν ἠξίωσεν, ἀλλ' ἐὰν τὴν διάνοιαν αὐτοῦ πολυπραγμονῶμεν, τὸν ἀνδροφονῆσαι τολμήσαντα τεθεληκέναι τι-
38 μωρεῖσθαι. κελεύουσι δὲ ἐνίοτε καὶ κατὰ ἀποκοπὴν ἀναγινώσκειν τοὺς νόμους καὶ ἐκ τῶν λειπομένων ἕτερόν τι νόημα συντιθέναι. ''πολλάκις δὲ καὶ ἀμφιβόλους λέξεις διαστέλλουσι, πρόσφορον ἑαυτοῖς κατασκευάζοντες τὸ σημαινόμενον, καὶ ἄλλα μυρία πρὸς ἀνατροπὴν τῶν νόμων ποιοῦσιν. ὅθεν καὶ ὁ Βυζάντιος ῥήτωρ ἐρωτηθεὶς πῶς ὁ
39 Βυζαντίων ἔχει νόμος εἶπεν "ὡς ἐγὼ θέλω." καθὰ γὰρ οἱ ψηφοπαῖκται τὰς τῶν θεωμένων ὄψεις δι' ὀξυχειρίαν κλέπτουσιν, οὕτως οἱ ῥήτορες διὰ πανουργίαν τὰς τῶν δικαστῶν διανοίας ἀμαυρώσαντες τῷ νόμῳ συγκλέπτουσι
40 τὰς ψήφους. τό γε μὴν τῶν παρανόμων ψηφισμάτων εἶδος οὐδεὶς ἐτόλμησε γράφειν ἀλλ' ἢ οἱ ῥήτορες. τὸν γοῦν γραφέντα κατὰ Κτησιφῶντος Δημοσθένης πολλὰ βοῶν καὶ τερατευόμενος ἥρπασεν. ὅθεν καὶ ὁ Αἰσχίνης

Contra os retóricos

enquanto entre aqueles que cultivam a Retórica elas são alteradas diariamente, como é o caso dos atenienses, // como Platão, o poeta da Antiga Comédia,²⁸ afirma. Pois se alguém, ele diz, estiver no exterior por três anos, não mais respeitará a cidade, mas, quando voltar, cruzará os muros como os que andam pela noite, semelhante ao modo como os mensageiros estrangeiros são conduzidos, tendo em vista que, no que concerne às leis, não se trata da mesma cidade. // E que a Retórica é contra as leis está também claro a partir das declarações que eles fazem em seu malogrado ofício. Pois ora aconselham, por um lado, a atender ao decreto e às palavras do legislador como claras e dispensáveis de explicação, ora aconselham, voltando atrás, a não mais seguir às palavras, mas à intenção. // Pois tampouco o que propõe punir quem empunha um instrumento de ferro em direção a alguém propõe punir quem o faz em toda e qualquer ocasião, como no caso de quem empunha um anel ou algo desse tipo, como uma agulha, por exemplo. Mas, caso se investigue atentamente a intenção dele, seria possível detectar o desejo de vingar-se do homem que cometeu assassinato. // E, algumas vezes, eles mandam, quando lemos as leis, recortá-las em pedaços e construir um sentido diferente a partir do que resta. Amiúde, também, eles fazem distinções em frases ambíguas e sustentam a significação que lhes apraz. E fazem também milhares de outras coisas que tendem a perturbar as leis. Daí também, o retórico bizantino,²⁹ quando perguntado "Como vão as leis dos bizantinos?", responder "Conforme eu queira". // Pois, assim como os prestidigitadores enganam os olhos dos espectadores com a velocidade das mãos, também os retóricos, tendo obscurecido com desonestidade a mente dos juízes para a lei, roubam os votos.³⁰ // Além disso, ninguém, exceto os retóricos, se atreveu a publicar decretos de uma natureza contrária aos votos. Também Demóstenes,³¹ com seus altos brados e falando maravilhas, arrebatou a lei que indiciou Ctesifon.³²

"κακὸν ἔθος" φησὶν "εἰς τὰ δικαστήρια παρῆλθεν· ὁ μὲν γὰρ κατήγορος ἀπολογεῖται, ὁ δὲ φεύγων τὴν γραφὴν κατηγορεῖ, οἱ δὲ δικασταὶ ὧν μὴ εἰσὶ κριταί, περὶ τούτων ψηφοφορεῖν ἀναγκάζονται." ἀλλ' εἰ κατὰ τῶν νόμων ἐστὶν 41 ἡ ῥητορική, πρὸς τῷ μὴ χρησιμεύειν τι καὶ βλαβερὰ καθέστηκεν. οὐ μὴν ἀλλ' οὐδὲ οἱ δημαγωγοῦντες ῥήτορες ἐπ' ἀγαθῷ τῶν πόλεων προβαίνουσιν, ἀλλ' ὃν λόγον ἔχει φαρμακοπώλης πρὸς ἰατρόν, τοῦτον ὁ δημαγωγὸς πρὸς τὸν πολιτικόν. κακοδιδασκαλεῖ γὰρ τοὺς πολλοὺς τὰ κεχα- 42 ρισμένα λέγων, καὶ διαβολαῖς αὐτοὺς ἐξαλλοτριοῖ πρὸς τοὺς ἀρίστους. λόγῳ μὲν γὰρ καὶ τῷ δοκεῖν ὑπὲρ τοῦ κοινῇ συμφέροντος ὑπισχνεῖται πάντα ποιήσειν, ταῖς δὲ ἀληθείαις ἀπ' οὐδενὸς ὑγιοῦς τροφὴν πορίζεται, ἐοικότως ταῖς τίτθαις, αἳ μικρὸν τοῦ ψωμίσματος τοῖς παιδίοις διδοῦσαι τὸ ὅλον καταπίνουσιν.

Τοσαῦτα μὲν οὖν καὶ τοῖς Ἀκαδημαϊκοῖς ἐν κατα- 43 δρομῆς μέρει λέγεται περὶ ῥητορικῆς, ὥστε εἰ μήτε τῷ ἔχοντι μήτε τοῖς πέλας ἐστὶν ὠφέλιμος, οὐκ ἂν εἴη τέχνη. ἀλλὰ πρὸς ταῦτα ἀπολογούμενοί τινες μέν φασιν ὅτι διττῆς οὔσης ῥητορικῆς. τῆς μὲν ἀστείας καὶ ἐν σοφοῖς τῆς δὲ ἐν μέσοις ἀνθρώποις, τὴν κατηγορίαν γεγονέναι οὐ τῆς ἀστείας ἀλλὰ τῆς τῶν μοχθηρῶν. τινὲς δὲ καὶ ὑποδείγ- 44 μασι χρῶνται· ὡς γὰρ ὁ τὸν πατέρα τύπτων παγκρατιαστὴς οὐ διὰ τὴν παγκρατιαστικὴν τέχνην γίνεται πατροτύπτης ἀλλὰ διὰ τὴν τῶν τρόπων μοχθηρίαν, οὕτως ὁ ῥητορικὴν ἐξασκήσας, εἶτα κατὰ πατρίδος αὐτῇ καὶ νόμων χρώμενος οὐ διὰ ῥητορικὴν τοιοῦτός ἐστιν ἀλλὰ διὰ τὴν ἰδίαν πονηρίαν. λέληθε δὲ τοὺς μὲν πρώτους ὅτι ἄκον- 45 τες δεδώκασι τὴν ἀνυπαρξίαν τῆς ῥητορικῆς· μηδενὸς γὰρ εὑρισκομένου σοφοῦ, ἢ σπανίως γε εὑρισκομένου, δεήσει καὶ τὴν ἐν αὐτοῖς ῥητορικὴν ἢ ἀνύπαρκτον ἢ σπάνιον εἶναι. πρὸς δὲ τοὺς δευτέρους ῥητέον ὅτι ἀνόμοιόν ἐστι 46

Por isso "um mau costume entrou no tribunal", diz Ésquines, "pois enquanto o acusador se defende e o réu faz a acusação, os jurados são obrigados a votar sobre coisas acerca das quais não são juízes". // Mas, se a Retórica é realmente contra as leis, ela não é somente inútil, mas também prejudicial. Contudo, em verdade, os retóricos que fazem demagogia não se apresentam pelo bem das cidades, mas a relação que o farmacêutico sustenta em relação ao médico é a mesma que o demagogo sustenta em relação ao político. // Pois ele deprava as multidões dizendo bajulações, e, por meio de calúnias, as lança contra os nobres. Através das palavras e em fingimento, ele promete fazer tudo para o benefício público, mas na realidade ele não dá alimentos a partir de qualquer fonte saudável, como aquelas amas que oferecem aos bebês um pequeno pedaço e depois devoram o resto.

// Tais, então, são os argumentos utilizados pelos homens da Academia acerca da Retórica, com vistas a execrá-la, de modo que, se ela não é útil nem ao seu possuidor e nem aos seus próximos, ela não será uma arte. Mas, em resposta a tudo isso, alguns asserem que, como há duas formas de Retórica, uma refinada e em uso entre os sábios e outra, por sua vez, em uso entre os homens vulgares, a acusação não seria feita contra a refinada, mas apenas contra a dos desonestos. // Alguns deles também usam exemplos: assim como o lutador de pancrácio que espanca seu pai não o agride por causa da sua arte do pancrácio, mas por causa da desonestidade dos hábitos, da mesma forma o homem que praticou a Retórica e então a usou contra a pátria e as leis não o fez por causa da Retórica, mas por causa de sua própria perversidade. // Passou despercebido aos primeiros que, involuntariamente, concederam a inconsistência da Retórica: pois, tendo em vista que um homem sábio nunca é, ou raramente é encontrado,[33] deve se seguir que a Retórica em uso entre os sábios seja da mesma forma completamente inexistente ou rara. // E, em resposta aos segundos, pode-se dizer que o exemplo é dissimilar ao que ora se discute:

τὸ παράδειγμα τοῖς ἐν χερσὶ ζητουμένοις· ἡ μὲν γὰρ ἄθλησις οὐχ ὑποδείκνυσι τὴν πρὸς τὸ κακὸν χρῆσιν αὐτῆς, οἷον τὴν πατροτυψίαν, ἡ δὲ ῥητορικὴ τοῦθ' ὡς προηγούμενον ἔργον διδάσκει, οἷον πῶς ἂν τὰ μικρὰ μεγάλα ποιήσαιμεν τὰ δὲ μεγάλα μικρά, ἢ πῶς ἂν τὰ μὲν δίκαια
47 ἄδικα φανείη τὰ δὲ ἄδικα δίκαια. καθόλου δὲ τῆς ῥητορικῆς ἐξ ἐναντίων συνισταμένης λόγων οὐκ ἐνδέχεται τὸν μὲν ἀστεῖον λέγειν ῥήτορα, τὸν δὲ μὴ τοιοῦτον οὐκέτι. ὁποῖος γὰρ ἂν ᾖ ὁ ῥήτωρ, πάντως τοὺς ἐναντίους ἐκμελετᾶν ὀφείλει λόγους, ἐν δὲ τοῖς ἐναντίοις ἔστι καὶ τὸ ἄδικον· πᾶς ἄρα ῥήτωρ καὶ τοῦ ἀδίκου συναγωνιστὴς ὢν ἄδικός ἐστιν.

48 Ἀλλὰ ὅτι μὲν οὐ ῥητέον τὴν ῥητορικὴν τέχνην, ἐκ τούτων συμφανές· τὸ δὲ μετὰ τοῦτο καὶ ἐκ τῆς ὕλης περὶ ἣν ἐστι σκοπῶμεν αὐτῆς τὸ ἀνυπόστατον. καίτοι προαποδέδοται ἡμῖν τὸ κεφάλαιον ἐν τῷ πρὸς τοὺς γραμματικούς· εἰ γὰρ περὶ λόγον ἡ ῥητορικὴ πονεῖται, οὔτε δὲ λέξις ἔστι τι οὔτε λόγος ἐκ λέξεων συγκείμενος, ὡς ἐπεδείξαμεν, διὰ τὸ οὗ τὰ μέρη μὴ ἔστιν ἀνύπαρκτον εἶναι, ἀκολουθήσει καὶ τὸ τὴν ῥητορικὴν ἀνυπόστατον ὑπάρχειν.
49 ὅμως δ' οὖν ῥητέον πρῶτον μὲν ὅτι οὐκ εἰ τὸν λόγον ἐξεπόνησεν ἡ ῥητορική, πάντως ἐστὶν ἔντεχνος, ἀλλ' εἰ τὸν συμφέροντα. καθὰ γὰρ φαρμάκων διαφόρων ὄντων, καὶ τῶν μὲν θανασίμων τῶν δὲ σωτηρίων, ἡ μὲν ἐν τοῖς θανασίμοις "'ἕξις καταγιγνομένη οὔτε τέχνη τίς ἐστιν οὔτε ἰατρική, ἡ δὲ περὶ τὰ σωτήρια καὶ τέχνη καὶ βιωφελής, οὕτω καὶ λόγων τῶν μὲν συμφερόντων τῶν δὲ βλαπτικῶν ὄντων, εἰ μὴ περὶ τοὺς συμφέροντάς ἐστιν ἡ ῥητορικὴ ἀλλὰ τοὺς βλαβερούς, πρὸς τῷ μὴ εἶναι τέχνη ἔτι καὶ κακοτεχνία γενήσεται. παρεστήσαμεν δέ γε πρότερον ὅτι βλαπτικωτάτοις ἐνυποδύεται λόγοις· τοίνυν οὐδὲ τέχνη
50 καθέστηκεν. καὶ μὴν εἴπερ ἡ συκοφαντικὴ καὶ ἡ ὀχλο-

pois enquanto a luta do pancrácio, por um lado, não induz ao mal quem dela se utiliza, assim como no caso da agressão ao pai, a Retórica, por outro lado, ensina justamente esse mal como sua principal tarefa, quando nos ensina, por exemplo, a tornar grandes as coisas pequenas e as pequenas, grandes, ou ainda como fazer as coisas justas parecerem injustas e as injustas parecerem justas. // E, em geral, como a Retórica consiste em opor afirmações, não se pode dizer que o falante refinado seja um retórico, mas o grosseiro não tarda em sê-lo. Pois o retórico, de qualquer tipo que seja, deve certamente exercitar-se em discursos contraditórios, e a injustiça é inerente às contradições; portanto, todo retórico, sendo um advogado da injustiça, é injusto.

// Que certamente não se deve chamar a Retórica de arte é evidente a partir dessas coisas. Depois disso, e a partir da matéria acerca da qual ela trata, examinemos a sua inconsistência. A suma do nosso argumento, de fato, foi dada anteriormente,[34] no nosso tratado *Contra os gramáticos*, pois, se a Gramática trata realmente acerca do discurso, mas nem a palavra é algo determinado e nem o discurso, por sua vez, se compõe de palavras, conforme demonstramos, por ser indeterminado aquilo cujas partes não são determinadas, seguir-se-á que a Retórica também possui inconsistência. // Entretanto, deve-se afirmar, primeiramente, que não por lidar com o discurso a Retórica está no domínio da arte, mas porque produz benefícios. Pois, assim como no caso das drogas, que diferem em qualidade, sendo algumas mortais e outras salutares, a habilidade que se ocupa da mortal não é nem a arte da Medicina e tampouco qualquer outra arte, ao passo que aquela que lida com as drogas salutares é tanto uma arte quanto também algo útil para a vida; assim também é no caso dos discursos, dentre os quais alguns são benéficos e outros, prejudiciais. Assim, se a Retórica não está preocupada com o benefício, mas com o prejuízo, além de não ser uma arte, ela será ainda um artifício pernicioso. E, de fato, já estabelecemos que mascara a si própria no mais prejudicial discurso; então ela não é uma arte. // Além do mais, se o sicofantismo e o cortejo das multidões

κοπικὴ τὸ λέγειν ἐξήσκησαν καὶ οὐκ εἰσὶ τέχναι, δῆλον ὡς καὶ ἡ ῥητορικὴ κατὰ ψιλὸν τὸ ἐκπεπονηκέναι τὴν ἐν τῷ λέγειν δύναμιν ἐξεταζομένη οὐ γενήσεται τέχνη. ἀλλὰ μὴν ἡ συκοφαντικὴ καὶ ἡ ὀχλοκοπικὴ τὸ λέγειν ἐξήσκησαν καὶ οὐκ εἰσὶ τέχναι· τοίνυν οὐδὲ ἡ ῥητορική. πρός γε μὴν 51 τοῖς εἰρημένοις, οὐδὲ ἴδιον ῥητορικῆς ἐστὶ τοῦτο, ἀλλὰ τὸ κοινὸν παντὸς λογικοῦ μαθήματος· καὶ γὰρ ἰατρικὴ εὖ λέγει περὶ τῶν ἑαυτῆς θεωρημάτων καὶ μουσικὴ περὶ μουσικῶν. διόπερ ὡς ἑκάστη τούτων οὐκ ἔστιν ἕνεκα τοῦ λέγειν ῥητορική, οὕτως οὐδὲ περὶ ἧς ἐστὶν ἡ ζήτησις.

Συνελόντι δὲ φάναι, οὐδὲ κατασκευάζει καλὴν λέξιν ἡ 52 ῥητορική. οὐδὲ γὰρ ὑποδείκνυσιν ἡμῖν τὴν εἰς τοῦτο τεχνολογίαν, οἷον ὅτι καλῇ λέξει χρῆται πρῶτον μὲν ὁ μὴ ἐκκλίνων τὰ κατὰ τὴν συνήθειαν λεγόμενα, καθὼς καὶ ἐν τῷ πρὸς τοὺς γραμματικοὺς ὑπεδείξαμεν, εἶτα καὶ ὁ τοῦ νοουμένου πράγματος ἀσφαλῶς κρατῶν· ῥέμβεται γὰρ ἡ λέξις ἀγνοουμένων τούτων, παρὸ καὶ εἰς τοῦτο ἀποβλέποντες ἀγαθὸν λέγομεν εἶναι ῥήτορα ἕκαστον τῶν ἰδίων ἐπιτηδευμάτων. σὺν δὲ τούτοις καὶ ὁ περιεσκεμμένος τί- 53 νες τῶν λέξεων κατὰ τὴν συνήθειαν κεῖνται καὶ τίνες δοξαστῶς, τὸ ἑκάστῳ πρόσφορον ἀποδίδωσιν. βαλανεῖον μὲν γὰρ ἀνδρεῖον κατὰ τὴν συνήθειαν εἴρηται ἀπὸ τοῦ ἄνδρας λούειν, ὁ δὲ πλούσιος μακάριος καὶ ὁ θάνατος κακὸν τῶν δοξαστῶν· τό τε γὰρ τὸν θάνατον τῶν κακῶν εἶναι καὶ τὸν πλοῦτον τῶν ἀγαθῶν ἄδηλον καὶ δοξαστόν. χρῷτο 54 δ᾽ ἂν καλῶς λέξει καὶ ὁ κατειληφὼς τίνος ἕνεκα τὰς μεταλήψεις ποιούμεθα τῶν λέξεων, ἤτοι ὑπὲρ τοῦ μὴ εὐθυρρημονεῖν, προσκοπὴν φέροντος τοῦ εὐθέος ῥήματος, ἢ ὑπὲρ τοῦ τι σαφηνίζειν, ὡς ὅταν τὸ μὲν αἴτιον εἰς τὸ ποιοῦν μεταλαμβάνωμεν, τὸ δὲ σημεῖον εἰς τὸ δηλοῦν. εἰ μὲν οὖν, ὡς ἔφην, ἐτεχνολογεῖτό τινα περὶ τούτων τοῖς 55 ῥήτορσι, τάχα ἂν καὶ τὸ καλῶς λέγειν καὶ τὴν κεκαλλω-

utilizam-se do discurso, mas não são artes, é evidente que a Retórica, quando examinada, não será uma arte pelo simples fato de obter da prática a habilidade do discurso. Mas, de fato, o sicofantismo e o cortejo das multidões praticam o discurso, mas não são artes; tampouco, então, a Retórica é uma arte. // Acrescente-se ao que foi dito que o discurso não é uma propriedade confinada à Retórica, mas é comum a cada ramo do saber que utiliza palavras; pois a arte da Medicina discursa bem quanto aos seus próprios princípios, e a da música quanto aos da música. Por isso, como nenhuma dessas artes é retórica em virtude do seu discurso, também não são objetos de nossa investigação.

// E, falando sucintamente, a Retórica não cria a boa elocução.³⁵ Pois ela não nos ensina os artifícios para isso, tais como, por exemplo, que quem usa a boa elocução é, primeiramente, o que não perverte a linguagem comum (conforme apontamos no nosso livro *Contra os gramáticos*),³⁶ e, em segundo lugar, o que domina seguramente o assunto sobre o qual pensa. Pois, sem conhecer os assuntos, a elocução vagueia, e assim, tendo isso em vista, dizemos que todo homem é bom retórico sobre suas próprias atividades. // Além disso, a pessoa que considerou cuidadosamente quais expressões são empregadas de acordo com o uso comum e quais têm sua fonte na opinião pessoal, as atribui apropriadamente a cada um dos grupos. Pois enquanto, por um lado, "quarto de banho para homem" é assim chamado de acordo com o uso comum devido ao fato de que ali os homens se banham,³⁷ por outro lado, "rico abençoado" e "morte má" são empregadas a partir das opiniões: pois que a morte é um mal e a riqueza um bem são fatos não evidentes e opinativos. // Fará, portanto, um bom uso da elocução aquele que compreender o motivo de realizar substituição na significação³⁸ das expressões, se para evitar o discurso simples, quando a palavra simples causa ofensa, ou para tornar uma coisa clara, como quando substituímos "agente" por "causa", ou "indicação" por "signo". // Ora, se, como eu disse, quaisquer desses artifícios sobre essas questões foram alguma vez observados pelos retóricos, elas possivelmente se derivaram da Retórica fina e da elocução refinada.

πισμένην λέξιν ἐκ ῥητορικῆς εἶχον. νῦν δὲ ἐπεὶ ταύτης τῆς θεωρίας οὐ ψαύουσιν, ἢ εἰ ψαύοιεν, οὔ τοί γε κατὰ ῥητορικήν, λεκτέον μὴ ῥητορικῆς ἴδιον εἶναι τὸ καλλιλεκ-
56 τεῖν. ἥ τε λέξις καθ' ἑαυτὴν οὔτε καλή ἐστιν οὔτε μοχθηρά. τεκμήριον δὲ τὸ τῇ αὐτῇ ὑπὸ μὲν ἀστείου καὶ σεμνοῦ λεγομένῃ προσκόπτειν ἡμᾶς, ὑπὸ δὲ μίμου γελωτοποιοῦντος μηδαμῶς. διόπερ ὅταν λέγηται ὁ ῥήτωρ καλῆς λέξεως εἶναι κατασκευαστικός, ἤτοι κατὰ τοῦτο λέγεται καθὸ τὴν τὰ συμφέροντα πράγματα δηλοῦσαν λέξιν κατασκευάζει, ἢ τὴν οἵα ἐστὶν ἡ τοῦ ἑλληνίζειν, ἢ τὴν ἐναργῶς καὶ συντόμως καὶ ἐγκατασκεύως δηλοῦσαν τὰ πράγ-
57 ματα. οὔτε δὲ καθὸ τὴν τὰ συμφέροντα πράγματα μηνύουσαν· οὐδὲν γὰρ ἴσασι περὶ τούτων τῶν πραγμάτων οἱ ῥήτορες. οὔτε καθὸ τὴν οἵα ἐστὶν ἡ τοῦ ἑλληνίζειν· κοινὸν γὰρ ἦν τοῦτο τῶν τῇ συνηθείᾳ καὶ ταῖς ἐλευθέραις τέχναις προσεχόντων. οὔτε καθὸ τὴν σαφῶς καὶ συντόμως καὶ ἐγκατασκεύως μηνύουσαν τὰ πράγματα· τοὐναντίον γὰρ περίοδον καὶ ἐπιφώνημα θέλοντες λέγειν οἱ ῥήτορες, καὶ μὴ φωνᾶεν φωνάεντι συγκρούειν, καὶ ὁμοιοτέλευτον διάνοιαν κατακλίνειν, ἐκκλείονται τῆς σα-
58 φοῦς ἅμα καὶ συντόμου τῶν πραγμάτων ἑρμηνείας. οὐκ ἄρα ῥητορικῆς ἐστὶ τὸ κατασκευάζειν καλὴν λέξιν καὶ τὸ εὖ λέγειν. δοθέντος τε τούτου οὐκ ἄν τις ἕλοιτο τὴν τοιαύτην φράσιν, πρῶτον μὲν διὰ τὸ μὴ πίπτειν αὐτὴν εἰς τὴν κοινὴν τοῦ βίου χρῆσιν· οὐδεὶς γὰρ ἡμῶν οὕτω διαλέγεται ὡς οἱ ῥήτορες ἐπὶ τῶν δικαστηρίων, ἐπεὶ καταγελασθήσεται. καὶ αὐτοὶ δὲ ἐκεῖνοι πάντοτε ἐξελθόντες τῆς διατριβῆς καὶ τοῦ ἀγῶνος ἄλλῃ χρῶνται πρὸς τοὺς
59 πέλας ἑρμηνείᾳ. εἶτα καὶ ὡς ἔφην, προσκοπὴν ἐμποιεῖ τὸ μετὰ προσοχῆς καὶ ῥητορείας "'λαλεῖν. μετακτέον δὲ τὰ

Contra os retóricos

Mas, conforme é, vendo que eles não tocam nesse assunto e que, mesmo se tocassem, não seria por causa da Retórica, pode-se declarar que a elocução refinada não é peculiar à Retórica. // Mais uma vez, a expressão por si só não é bela e nem feia. Uma prova disso é o fato de que a mesma expressão que nos ofende quando proferida por uma pessoa cultivada e solene não nos ofende de modo algum quando proferida pelo piadista zombeteiro. Por isso, quando do retórico é dito que é capaz de construir uma boa elocução, isso se deve tanto ao fato de que ele constrói uma elocução que expressa proveito, ou que é uma forma de bom grego, ou que indica os objetos de modo claro, conciso e competente. // Mas não porque revela coisas proveitosas, pois os retóricos nada sabem acerca dessas coisas. Nem porque o que dizem é algo exclusivo do grego, pois isso era comum aos que se dedicaram ao uso corrente da língua às artes liberais. E também não é porque indica os objetos de modo claro, conciso e competente. Muito pelo contrário, já que os retóricos, desejando utilizar *sentenças periódicas*[39] e *epifonemas*,[40] assim como evitar a colisão de vogais[41] e frases em *homoteleuto*,[42] tornam-se eles mesmos incapazes de serem claros e, ao mesmo tempo, facilmente compreendidos. // Por isso, não pertence à Retórica a produção da boa elocução e do bem falar. E, isso garantido, ninguém escolherá um estilo como o deles, sobretudo porque, primeiramente, não se adapta à prática comum; pois nenhum de nós fala como os retóricos nos tribunais, tendo em vista que seríamos escarnecidos. E eles próprios, quando saem do seu negócio e do julgamento, sempre usam outro modo de se expressarem entre seus companheiros. // E ainda, em segundo lugar, como eu disse, produz ofensa falar de modo elaborado e de acordo com a Retórica.

πρότερον πρὸς τοὺς ἀναλογιστικοὺς τῶν γραμματικῶν εἰρημένα, καὶ διδακτέον ὅτι τῇ συνηθείᾳ προσεκτέον μᾶλλόν ἐστι θέλοντας εὖ λέγειν ἤπερ τέχνῃ τινὶ περιεργοτέρᾳ.

Τὰ νῦν δὲ μετελθόντες καὶ ἀπὸ τοῦ τέλους τῆς ῥη- 60 τορικῆς ποιώμεθα τὰς ἐνστάσεις. πάλιν τοίνυν λεκτέον ὡς εἰ μηδέν ἐστι ῥητορικῆς τέλος, οὐδέν ἐστι ῥητορικὴ διὰ τὸ πᾶσαν τεχνικὴν ἕξιν πρός τι τέλος λαμβάνειν τὴν ἀναφοράν. οὐχὶ δέ γε ἔστι τι ῥητορικῆς τέλος, ὡς δείξομεν· οὐκ ἄρα ἐστὶ τέχνη ἡ ῥητορική. οἱ μὲν οὖν πλεῖ- 61 στοι καὶ χαρίεντες ἔσχατον οἴονται τῆς ῥητορικῆς ἔργον εἶναι τὸ πείθειν. καὶ γὰρ οἱ περὶ τὸν Πλάτωνα εἰς τοῦτο ἀπιδόντες δύναμιν εἰρήκασιν αὐτὴν τοῦ διὰ λόγων πείθειν, καὶ οἱ περὶ τὸν Ξενοκράτην πειθοῦς δημιουργόν, καὶ Ἀριστοτέλης δύναμιν τοῦ θεωρεῖν τὸ ἐνδεχόμενον πιθανόν. καὶ Ἀρίστων ὁ Κριτολάου γνώριμος σκοπὸν μὲν ἐκκεῖσθαί φησιν αὐτῇ τὴν πειθώ, τέλος δὲ τὸ τυχεῖν τῆς πειθοῦς. καὶ Ἑρμαγόρας τελείου ῥήτορος ἔργον εἶναι 62 ἔλεγε τὸ τεθὲν πολιτικὸν ζήτημα διατίθεσθαι κατὰ τὸ ἐνδεχόμενον πειστικῶς. Ἀθήναιος δὲ λόγων δύναμιν προσαγορεύει τὴν ῥητορικὴν στοχαζομένην τῆς τῶν ἀκουόντων πειθοῦς, καὶ Ἰσοκράτης φησὶ μηδὲν ἄλλο ἐπιτηδεύειν τοὺς ῥήτορας ἢ ἐπιστήμην πειθοῦς. ὅθεν καὶ ἡμεῖς στοι- 63 χοῦντες τῇ τούτων φορᾷ λέγομεν εὐθὺς ὅτι τὸ πιθανὸν προσαγορεύεται τριχῶς, καθ' ἕνα μὲν τρόπον ὅπερ ἐναργῶς τε ἀληθές ἐστι καὶ ἀληθοῦς ἐμποιοῦν φαντασίαν ἐπισπᾶται ἡμᾶς εἰς συγκατάθεσιν, καθ' ἕτερον δὲ ὅπερ ψεῦδός ἐστι καὶ ἀληθοῦς ἐμποιοῦν φαντασίαν ἐπισπᾶται ἡμᾶς εἰς συγκατάθεσιν (ὅπερ καὶ εἰκὸς ὀνομάζειν εἰώθασιν οἱ ῥήτορες ἀπὸ τοῦ ἐοικὸς εἶναι τῷ ἀληθεῖ), κατὰ δὲ τὸν τρίτον τρόπον τὸ κοινὸν τοῦ τε ἀληθοῦς καὶ ψεύδους. τοσαυταχῶς δὴ λεγομένου τοῦ πιθανοῦ, ἄξιόν ἐστι πυθέ- 64 σθαι τῶν ῥητόρων κατὰ τί τούτων τῶν πιθανῶν οἴονται

E pode-se transferir o que já foi dito contra os gramáticos que se baseiam na analogia,⁴³ e afirmar que, se desejamos falar bem, devemos prestar atenção ao uso comum mais do que a qualquer arte supérflua.

60 // No momento, passemos adiante e fundamentemos nossas objeções ao "fim" da Retórica. Assim devemos estabelecer, mais uma vez, que, se não há um "fim" da Retórica, nada é Retórica, porque toda atividade técnica tem referência a algum fim. Mas não há uma finalidade determinada da Retórica, conforme demonstraremos: portanto, a Retórica não é arte.

61 // Ora, muitas pessoas inteligentes supõem que a tarefa da Retórica é a persuasão. Pois os discípulos de Platão, considerando isso, designam-na como "capacidade de persuadir por meio de discursos", e os de Xenócrates como "criadora de persuasão", e Aristóteles como "capacidade de reconhecer o que é propício à persuasão".⁴⁴ Aríston⁴⁵ também, o amigo de Critolau, declara que a meta professa da Retórica é a persuasão, e

62 seu fim, a persuasão segura. // E Hermágoras⁴⁶ costumava dizer que a tarefa do retórico perfeito é lançar a questão política proposta do modo mais persuasivo possível. E Ateneu⁴⁷ chama a Retórica de habilidade do discurso que objetiva a persuasão da audiência; e Isócrates⁴⁸ assere que

63 retóricos não perseguem nada além da ciência da persuasão. // Por isso, nós também, seguindo seus passos, afirmamos estritamente que o termo "provável"⁴⁹ é usado em três sentidos:⁵⁰ em um sentido, o que é claramente verdade e que, produzindo uma visão de verdade,⁵¹ leva-nos ao assentimento; em outro sentido, o que é falso, mas que, implantando uma impressão de verdade, leva-nos ao assentimento (a isso os retóricos são acostumados a chamar de "verossímil", do fato de que é semelhante à verdade); e, em um terceiro sentido, é o que participa da verdade e da falsidade da mesma

64 maneira. // Sobre o termo "provável", então, usado de todas essas maneiras, é conveniente perguntar aos retóricos a respeito de qual desses modos de "provável" eles supõem que a Retórica objetiva persuadir.⁵²

τὴν ῥητορικὴν τοῦ πείθειν ἐφίεσθαι, καὶ ""περὶ ποῖον αὐτῶν τεχνιτεύειν αὐτὴν ἀξιοῦσιν, περὶ τὸ ἐναργῶς ἀληθὲς ἢ περὶ τὸ ἐοικὸς τούτῳ ψεῦδος ἢ ὃ περὶ τὴν ἀμφοτέρων
65 κοινότητα στρέφεται. ἀλλὰ περὶ μὲν τὸ ἐναργῶς ἀληθὲς οὐχ οἷόν τε· τοῦτο γὰρ ἐξ αὐτοῦ πείθει καὶ ἐπισπᾶται ἡμᾶς πρὸς συγκατάθεσιν, ὥστε παρέλκειν τὴν ἐκ ῥητορικῆς ἐπ' αὐτοῦ συνισταμένην πειθώ. καὶ καθάπερ οὐδεμιᾶς δεόμεθα τέχνης πρὸς τὸ πείθεσθαι ὅτι νῦν ἡμέρα ἔστιν ἢ ὅτι νῦν ἐγὼ διαλέγομαι, πραγμάτων ὄντων ἐναργῶν καὶ αὐτοφωράτων, οὕτως οὐδὲ πρὸς τὸ συγκατατίθεσθαι τῷ ἀνδροφόνον εἶναι τὸν ἐπ' αὐτοφώρῳ ληφθέντα
66 ἀνδροφόνον χρεία ῥητορικῆς. καὶ ἄλλως, εἰ τοῦ προδήλως ἀληθοῦς, ᾗ πιθανόν ἐστι, θεωρητικὴ καθέστηκεν ἡ ῥητορική, πάντως καὶ τοῦ ἀπιθάνου γενήσεται θεωρητική· ταυτὶ γὰρ κατὰ τὴν ὡς πρὸς ἄλληλα σχέσιν λαμβάνεται, καὶ ᾧ λόγῳ ὁ τὸ ἀριστερὸν κατειληφὼς ἐξ ἀνάγκης ἐπιβάλλει καὶ τῷ οὗ ἀριστερόν ἐστιν, οὕτως ὁ τὸ πιθανὸν ἀληθὲς διακρίνων ἀπὸ τοῦ μὴ τοιούτου γνῶσιν ἔχει καὶ
67 τοῦ ἀπιθάνου. ἐπεὶ οὖν πᾶν ἀληθές, ὁποῖόν ποτ' ἂν ᾖ, ἤτοι πιθανόν ἐστιν ἢ ἀπίθανον, ἀκολουθήσει τὴν ῥητορικὴν παντὸς ἀληθοῦς εἶναι θεωρητικήν. τῷ δὲ παντὸς ἀληθοῦς εἶναι θεωρητικὴν ἀκολουθήσει τὸ καὶ παντὸς ψεύδους· ᾧ γὰρ λόγῳ ὁ διακριτικὸς τοῦ πιθανοῦ ἐξ ἀνάγκης καὶ τοῦ ἀπιθάνου διακριτικὸς ἔσται, τῷ αὐτῷ καὶ ὁ παντὸς ἀληθοῦς ἐπιγνώμων συνεπιβάλλει παντὶ τῷ ἀντικειμένῳ, τουτέστι τῷ ψεύδει. εἰ δὲ τοῦτο, ἔσται ἡ ῥητορικὴ γνῶσις ἀληθῶν τε καὶ ψευδῶν. οὐ πάνυ δέ γε τοῦτο·
68 τοίνυν οὐδὲ τοῦ αὐτόθεν ἀληθοῦς ἐστι θεωρητική. καὶ μὴν τοῖς ἀντικειμένοις συναγορεύειν ἐπαγγέλλεται, τὰ δὲ ἀντικείμενα οὐκ ἔστιν ἀληθῆ· οὐκ ἄρα τοῦ ἀληθοῦς ἐφίεται ἡ ῥητορική. καὶ μὴν οὐδὲ τοῦ ψεύδους· οὐδεμία γὰρ περὶ ψεῦδος ἵσταται τέχνη, ἀλλ' ἀναγκαῖόν ἐστι τὴν

e a qual deles eles afirmam que ela se dirige como arte, se é ao obviamente verdadeiro, ou ao falso que é semelhante à verdade, ou ainda ao que
65 contém ambos ao mesmo tempo. // Mas não pode ser ao obviamente verdadeiro, pois ele nos persuade por si só e nos leva a assentir, então a persuasão [do obviamente verdadeiro] produzida pela Retórica é supérflua. E, assim como não precisamos de arte para sermos persuadidos de que "agora é dia" ou que "agora estou falando", sendo esses fatos óbvios e autoevidentes, também não há necessidade da Retórica para nos fazer assentir ao fato de que o assassinato pego em flagrante é um assassinato.
66 // E, por outro lado, se concerne ao obviamente verdadeiro, na medida em que é persuasiva, a Retórica seria teorética, de modo geral, e se tornará assim teorética também do dissuasivo; pois esses dois são concebidos como sendo relativos um ao outro, e, pela mesma razão que aquele que compreende "esquerda" necessariamente concebe também aquilo que é o seu contrário, aquele que discerne o "persuasivo" [igual a "provável"], que é verdadeiro, possui também o conhecimento do que é "dissuasivo" [igual a "improvável"], do fato de ambos não serem do mesmo caráter.[53]
67 // Tendo em vista, então, que tudo o que é verdadeiro, seja o tipo que for, é provável ou improvável, seguir-se-á que a Retórica também concerne ao que é verdadeiro. Mas, dessa concernência com o verdadeiro, seguir-se-á sua concernência também com o falso; tendo em vista que, posto que a razão, que é o que pode discernir o provável, necessariamente será capaz de discernir também o improvável, pela mesma razão ela, que tem conhecimento do verdadeiro, também percebe, assim, o que é de um tipo oposto, que é, digo, o falso. E, se assim for, a Retórica será o conhecimento das coisas verdadeiras e das falsas. Mas certamente assim não é; tendo em vista que a Retórica não tem o evidentemente verdadeiro como seu
68 objeto. // Além disso, ela professa advogar causas opostas, mas opostos não são ambos verdadeiros; portanto, a Retórica não objetiva a verdade. E tampouco o falso, pois nenhuma arte se exerce em relação ao falso.

ῥητορικὴν τοῦτο μεταδιώκουσαν ἢ μὴ εἶναι τέχνην ἢ κακοτεχνίαν ὑπάρχειν, μετὰ τοῦ πάλιν τὰς αὐτὰς ὑπαντιάζειν ἀπορίας. εἰ γὰρ περὶ τὸ πιθανὸν ψεῦδος καταγίνεται, πάντως εἴσεται καὶ τὸ ἀπίθανον. ἐπεὶ οὖν πᾶν ψεῦδος ἤτοι πιθανόν ἐστιν ἢ ἀπίθανον, παντὸς ψεύδους ἐπιστήμη γενήσεται, καὶ διὰ τοῦτο καὶ παντὸς ἀληθοῦς, ὥστ' αὐτὴν μὴ διαφέρειν τῆς διαλεκτικῆς· ὃ κατὰ πολλοὺς τρόπους ἐστὶν ἄτοπον. οὐ μὴν ἀλλ' εἰ τῶν ἀντικειμένων συνήγορος καθέστηκε, τὰ δὲ ἀντικείμενα οὐκ ἔστι ψευδῆ, οὐκ ἂν εἴη ψεύδους θεωρητική. ἔτι εἴπερ εἰκός ἐστι τὸ τὰς πλείστας ἀφορμὰς εἰς τὸ ἀληθὲς εἶναι παρεχόμενον, καὶ παράλογον, ὃ δὴ τούτῳ ἀντίκειται, τὸ ὀλίγας ἀφορμὰς καὶ σπανίους ἔχον εἰς τὸ ἀληθὲς εἶναι, πάντως ἡ ῥητορικὴ εἰς τὸ ἐναντίον ἐπιχειροῦσα οὐ μᾶλλον τοῦ εἰκότος ἢ τοῦ ἀντικειμένου στοχάζεται. καὶ μὴν οὐδὲ τὸ κοινὸν τοῦ τε ἀληθοῦς καὶ ψεύδους μεταδιώκει· ἐν τούτῳ γὰρ καὶ ψεῦδος κατεπέπλεκτο. ἄτοπόν τε καθεστήκει τὸ τέχνην ψευδέσι χρῆσθαι, σὺν τῷ κατὰ τὸν προϋποδεδειγμένον τρόπον ἀκολουθεῖν τὸ καὶ ἐπιστήμην αὐτὴν ἀληθῶν τε καὶ ψευδῶν γίνεσθαι, τοῦ πράγματος μὴ οὕτως ἔχοντος. ἀλλ' εἰ μήτε ἀληθὲς μήτε ψεῦδος μήτε τὸ κοινὸν ἀμφοτέρων θεωρεῖν δύναται ἡ ῥητορική, παρὰ δὲ ταῦτα οὐδέν ἐστι πιθανόν, οὐκ ἂν εἴη ῥητορικῆς τὸ πείθειν.

Ἡμεῖς μὲν οὖν ταύταις ἀξιοῦμεν ταῖς ἐνστάσεσι χρῆσθαι πρὸς τοὺς ῥήτορας, ἄλλοι δὲ καὶ τὰς λεχθησομένας εἰώθασι παραλαμβάνειν, αἷς ἐξέσται τῷ βουλομένῳ χρῆσθαι. φασὶ γάρ, ἤτοι τέχνη ἐστὶν ἡ ῥητορικὴ ἢ οὐκ ἔστιν. καὶ εἰ μὲν μὴ ἔστι, μηδὲ τέλος αὐτῆς ζητῶμεν· εἰ δὲ ἔστι, πῶς κοινὸν ἔχει τέλος καὶ τοῦ μὴ ῥήτορος; τὸ γὰρ πείθειν πολλοῖς πάρεστι διὰ πλοῦτον ἢ κάλλος ἢ δόξαν, ὡς πρότερον ὑπεδείκνυμεν. ῥηθέντων τε πολλάκις τῶν λόγων καὶ ἐπ' αὐτοῖς πεπεισμένων τῶν δικαστῶν οὐδὲν

Mas é necessário que a Retórica, se persegue isso, não seja arte ou consista em uma arte perversa, junto da qual, novamente, surgem as mesmas dificuldades. // Pois, se ela se ocupa da falsidade persuasiva, certamente também conhecerá a dissuasiva. Tendo em vista, então, que toda falsidade é persuasiva ou dissuasiva, ela será o conhecimento do falso em geral e, portanto, também do que quer que seja verdadeiro, não se diferenciando assim da dialética; e isso é, por muitos motivos, absurdo. // Se, contudo, ela advogar opostos, e os opostos não forem [ambos] falsos, ela não seria teoria do falso. Ademais, se o verossímil é o que fornece numerosos argumentos para ser verdadeiro, e o seu contrário o que consequentemente se lhe opõe, o que possui poucos e raros argumentos para ser verdadeiro, então a Retórica, argumentando também em favor do oposto, não objetivará o verossímil mais do que o seu oposto. // E também, novamente, ela não persegue o que é compartilhado pelo verdadeiro e pelo falso, pois isso implica em falsidade. E que uma arte deveria empregar falsidades é absurdo, devido ao fato de que, de acordo com nossa demonstração prévia, isso decorre em consequência do conhecimento das coisas verdadeiras e falsas, o que não é o caso. Mas, se a Retórica não pode teorizar nem sobre o verdadeiro, nem sobre o falso e nem sobre o que a ambos inclui, e se, além disso, não há outro sentido de "persuasivo", então a persuasão não pertencerá à Retórica.

// Essas, então, são as objeções que pensamos serem propícias para usarmos contra os retóricos, mas outros costumam apresentar as que serão expostas em seguida, e qualquer um que delas goste será capaz de utilizá-las. Eles argumentam assim: a Retórica é ou não é uma arte; se não é, não procuremos por seu "fim"; mas se é, como pode ela ter um fim que possa ser compartilhado por aqueles que não são retóricos? Pois muitos são capazes de persuadir através da riqueza, da beleza ou da glória, como indicamos anteriormente. // Ademais, amiúde, quando o discurso for feito e os juízes, em consequência, forem persuadidos pelos fatos,

ἧττον προσμένουσιν οἱ ῥήτορες, ἕτερόν τι ἀπεκδεχόμενοι τέλος, καὶ προσμένοντες δέονται. οὐκ ἄρα τὸ πείθειν ῥητορικῆς ἐστὶ τέλος, ἀλλ' εἰ ἄρα, τὸ μετὰ τοῦτο ἐπακολουθοῦν. ἄλλως τε καὶ ἐναντίος ἐστὶν ὁ ῥητορικὸς λόγος πειθοῖ· πρῶτον μὲν γὰρ περίεργος καθέστηκεν, προσκόπτουσι δὲ οἱ πολλοὶ τῇ τοῦ λόγου περιεργίᾳ· εἶτα ὁ ἀσαφὴς λόγος οὐκ ἔστι πειστικός, ὁ δὲ τῶν ῥητόρων λόγος ἐν περιόδοις κείμενος καὶ ἐνθυμήμασιν ἧττόν ἐστι σαφής. οὐκ ἄρα πειστικὸς ὁ ἀπὸ τῆς ῥητορικῆς ἐστι λόγος. ὅ τε εὔνοιαν τοῖς δικασταῖς ἐμποιῶν λόγος, οὗτός ἐστι πειστικός· εὔνοιαν δὲ ἐμποιεῖ οὐχ ὁ ῥητορικὸς ἀλλ' ὁ ἀφελὴς καὶ τὸν ἰδιωτικὸν ὑποφαίνων τύπον. τῷ μὲν γὰρ τοῦ ῥήτορος ἀντίκεινται πάντες ταῖς ὑπεροχαῖς φθονοῦντες· κἂν γὰρ δίκαια κατασκευάζῃ ὁ ῥήτωρ, δοκοῦσι μὴ διὰ τὴν τῶν πραγμάτων ''' φύσιν ἀλλὰ διὰ τὴν τοῦ ῥήτορος πανουργίαν τὰ μὴ δίκαια τοιαῦτα αὐτοῖς φαίνεσθαι· τῷ δὲ τοῦ ἰδιώτου ὡς ἀσθενεῖ πᾶς τις συναγωνίζεται, καὶ τῷ ἧττον δικαίῳ προσδοξάζει τὸ μᾶλλον δίκαιον διὰ τὸ ὑπὸ ἀφελοῦς καὶ ἰδιώτου κατασκευάζεσθαι. παρ' ἣν αἰτίαν Ἀθηναίοις τὸ παλαιὸν οὐκ ἐπετέτραπτο συνήγορον παρίστασθαι τοῖς κρινομένοις ἐπὶ τῆς ἐν Ἀρείῳ πάγῳ βουλῆς, ἀλλ' ἕκαστος ὡς εἶχε δυνάμεως, ἀδιαστρόφως καὶ ἀπανούργως ὑπὲρ ἑαυτοῦ τοὺς λόγους ἐποιεῖτο. καὶ μὴν εἴπερ ἐπίστευον αὐτοῖς οἱ ῥήτορες ὅτι πειστικὴν ἔχουσι δύναμιν, ἐχρῆν αὐτοὺς μήτε ἔλεον μήτε οἴκτους μήτε ὀργὰς ἢ ἄλλα τινὰ τοιαῦτα κινεῖν, ἅπερ πείθει μὲν οὐδαμῶς, παραλογίζεται δὲ τὴν τῶν δικαστῶν γνώμην καὶ ἀντισκοτεῖ τῷ δικαίῳ.

Ἀλλ' ὅτι μὲν οὐκ ἐνδέχεται τὸ πείθειν τέλος εἶναι ῥητορικῆς, δέδεικται· τινὲς δὲ τοῦτο μὲν οὐ λέγουσιν αὐτῆς τέλος, τὸ δὲ τοὺς ἐνδεχομένους εὑρεῖν λόγους, οἱ δὲ τὸ δόξαν ἐμποιεῖν τοῖς δικασταῖς περὶ τῶν πραγμάτων

Contra os retóricos

os retóricos, não obstante, ficam esperando na expectativa de obterem algum fim além e, enquanto esperam, eles imploram. O fim da Retórica, portanto, não é a persuasão, mas, se for algum outro, será aquilo que se segue à persuasão. Nesse caso, novamente, o discurso retórico é oposto à
74 persuasão. // Pois primeiramente, por um lado, a Retórica se torna supérflua, de modo que muitos são até ofendidos pela superfluidade do discur-
75 so. // Em segundo lugar, por outro lado, como o discurso que carece de clareza não é persuasivo, o discurso dos retóricos, consistindo em orações periódicas e entimemas,⁵⁴ é inferior em clareza. Portanto, o discurso deri-
76 vado da Retórica não é persuasivo. // Mais além, o discurso que faz surgir a boa vontade nos juízes é aquele que é persuasivo; mas o que faz surgir a boa vontade não é o discurso retórico, mas aquele que é simples e reflete o estilo ordinário. Pois ao estilo do retórico, todos que detestam ares de superioridade se opõem. Pois mesmo que o retórico sustente o que é justo, eles imaginam que coisas injustas lhes parecem justas, não por causa da
77 real natureza das coisas, mas por causa das trapaças do retórico. // Mas, por outro lado, com o discurso do homem comum todos simpatizam, sentindo sua fragilidade, e atribuem grande justiça ao que é menos justo por ser sustentado por uma pessoa comum e ordinária. E, por isso, aos atenienses, em dias antigos, não era permitido terem um advogado para defendê-los em um julgamento. Na corte do Areópago, cada homem, com o melhor de sua habilidade, fazia um discurso em sua própria defesa, sem
78 trapaças ou malabarismos verbais. // Ademais, se os retóricos cressem na sua própria afirmação de possuir o poder da persuasão, eles não deveriam excitar piedade ou lamentação ou indignação, ou outros sentimentos desse tipo, coisas que não persuadem, mas pervertem as mentes dos juízes e obscurecem a justiça.

Assim, por um lado, já foi demonstrado que o fim da Retórica não
79 pode ser a persuasão. // Mas alguns, por outro lado, dizem que o fim dela não é esse, mas a invenção de argumentos apropriados à persuasão.⁵⁵ Outros, que é provocar nos juízes uma opinião sobre os fatos tal como desejam os que discursam.

οἵαν οἱ λέγοντες θέλουσιν, ἄλλοι δὲ τὸ συμφέρον, τινὲς δὲ τὸ νικᾶν. ὧν πρὸς μὲν τοὺς πρώτους ῥητέον ὡς εἴπερ 80 τοὺς ἐνδεχομένους εἰς τὰς ὑποθέσεις λόγους εὑρεῖν ἐπαγγέλλεται ἡ ῥητορική, ἤτοι τοὺς ἀληθεῖς ἢ δυνατοὺς ῥηθῆναι ἐπαγγέλλεται. οὔτε δὲ τοὺς ἀληθεῖς· κανόνα γὰρ καὶ κριτήριον τῆς τῶν ἀληθῶν καὶ ψευδῶν διαγνώσεως αὐτοὺς ἔχειν δεῖ, ὅπερ οὐκ ἔχουσιν· οὔτε τοὺς δυνατοὺς ῥηθῆναι· ἀγνοοῦντες γὰρ τοὺς ἀληθεῖς οὐδὲ τοὺς δυνατοὺς ῥηθῆναι ἐπιγνώσονται. οὐκ ἄρα ῥητορικῆς ἐστὶ τὸ 81 τοὺς ἐνόντας καὶ δυνατοὺς εὑρίσκειν λόγους. ἥ τε ῥητορικὴ οὐδὲν ἄλλο ἐστὶν ἢ τὸ τοὺς ἐνδεχομένους εὑρεῖν λόγους, ὅθεν ὁ τοῦτο λέγων τέλος δυνάμει τὴν ῥητορικὴν τέλος εἶναι λέγει τῆς ῥητορικῆς. οὗ τε χάριν ἅπαντά φησι 82 πράσσειν ὁ ῥήτωρ, ἐκεῖνο ἂν τέλος εἴη· οὐχὶ δέ γε χάριν τῶν ἐνδεχομένων ἐπιχειρήσεων πάντα πράσσει ὁ ῥήτωρ, ἀλλὰ τοῦ μετὰ τὰς ἐπιχειρήσεις ἐπακολουθοῦντος· τοίνυν οὐκ ἂν εἴη τέλος ἐκεῖνο. καὶ μὴν οὗπερ δεῖται τέλους τυ- 83 χεῖν ὁ ῥήτωρ, τούτου καὶ ὁ μισθωσάμενος αὐτὸν ἰδιώτης· τοῦ δέ γε τοὺς ἐνδεχομένους εὑρεῖν λόγους οὐ σπεύδει τυχεῖν ὁ ἰδιώτης, ἀλλ' ἑτέρου τινός· ἐκεῖνο ἄρα τέλος γενήσεται, καὶ οὐ τὸ τοὺς ἐνδεχομένους λόγους εὑρεῖν. καὶ μὴν οὐδὲ τὸ δόξαν ἐμποιεῖν τοῖς δικασταῖς περὶ τῶν 84 πραγμάτων οἵαν οἱ λέγοντες θέλουσιν· τοῦτο γὰρ οὐ ''διήνεγκε τοῦ πείθειν, ἐπείπερ ὁ πεπεικὼς δόξαν ἐμπεποίηκε τοῖς δικασταῖς περὶ τῶν πραγμάτων οἵαν οὗτος θέλει. ἐδείξαμεν δὲ ἡμεῖς ὅτι οὐκ ἔστι τῆς ῥητορικῆς τέλος τὸ πείθειν, ὥστε οὐδὲ τὸ δόξαν ἐμποιεῖν.   ἀλλὰ 85 μὴν οὐδὲ τὸ συμφέρον, ὡς ἠξιώκασί τινες· ὅ τι γὰρ τοῦ μέρους ἐστὶ τέλος, τοῦτο οὐκ ἂν εἴη τοῦ ὅλου τέλος· μέρους δέ γε τῆς ῥητορικῆς τοῦ συμβουλευτικοῦ τέλος λέγουσιν οἱ ῥήτορες εἶναι τὸ συμφέρον· οὐκ ἄρα τῆς ὅλης ῥητορικῆς ἐστὶ τέλος. ὅπερ τε πάσης τέχνης ἐστὶ τέλος

80 Outros, que é o vantajoso, e alguns, ainda, que é a vitória. // Contra os primeiros, deve-se dizer que, se a Retórica professa inventar argumentos apropriados às suposições, então ela professa enunciar argumentos verdadeiros ou argumentos possíveis, mas não enuncia os verdadeiros, uma vez que, para isso, é preciso possuir um padrão e um critério de distinção entre o verdadeiro e o falso, e precisamente isso não possuem. Também não enunciam os argumentos possíveis, pois, ignorando os verdadeiros,
81 não saberão dizer também os possíveis. // Portanto, visto que o fim da Retórica não é inventar argumentos verdadeiros nem possíveis, segue-se que a Retórica nada mais é do que inventar argumentos apropriados. Com isso, o que propõe esse fim afirma potencialmente que o fim da Retórica
82 é a própria Retórica. // Tampouco em vista de tudo o que o retórico declara realizar o fim seria esse, já que o retórico não faz nada em vista dos argumentos apropriados, mas do que se segue após os argumentos. Esse,
83 portanto, não será o seu fim. // Ademais, o fim que o retórico precisa atingir é também aquele que a pessoa que o contratou precisa atingir. No entanto, a pessoa não anseia por alcançar a invenção de argumentos apropriados, mas outra coisa. Essa última, portanto, e não a invenção
84 de argumentos apropriados, será o fim. // Mais além, tampouco será o fim produzir nos juízes uma dada opinião sobre o caso de acordo com o desejo dos discursadores, pois isso não difere da persuasão, tendo em vista que aquele que persuade produz nos juízes uma opinião sobre o caso conforme seu próprio desejo. Mas, como demonstramos, essa persuasão não é o fim da Retórica; da mesma forma, então, não é produzir uma opi-
85 nião. // Tampouco, novamente, é "o útil", conforme assumido por alguns; pois o que é o fim de uma parte não será o fim do todo. Mas os retóricos dizem que "o útil" é o fim da parte deliberativa da Retórica; portanto, não é o fim da Retórica como um todo.

κοινῶς, τοῦτο οὐκ ἂν εἴη τῆς ῥητορικῆς μόνης· τὸ συμφέρον δέ γε πάσης τέχνης ἐν τῷ βίῳ τέλος ἐστίν· οὐκ 86 ἄρα τῆς ῥητορικῆς ἰδιαίτερον καθέστηκεν. λείπεται οὖν τὸ νικᾶν αὐτῆς εἶναι τέλος. ὃ πάλιν ἀδύνατόν ἐστιν. ὁ γὰρ πολλάκις μὴ τυγχάνων τοῦ κατὰ γραμματικὴν τέλους οὐκ ἂν εἴη γραμματικός, καὶ ὁ πολλάκις μὴ τυγχάνων τοῦ κατὰ μουσικὴν τέλους οὐκ ἂν εἴη μουσικός. τοίνυν καὶ ὁ μὴ τυγχάνων πολλάκις τοῦ κατὰ ῥητορικὴν τέ- 87 λους οὐκ ἂν εἴη ῥήτωρ. ὁ δέ γε ῥήτωρ πλεῖον μᾶλλον ᾧ νικᾷ νικᾶται, καὶ τοσούτῳ πλεῖον ὅσῳ δυναμικώτερός ἐστι, τῶν τὰ ἄδικα ἐχόντων πράγματα ἐπ' αὐτὸν συντρεχόντων. οὐκ ἄρα ῥήτωρ ἐστὶν ὁ ῥήτωρ. ὅ τε μὴ τυχὼν τοῦ κατὰ ῥητορικὴν τέλους οὐκ ἂν ἐπαινοῖτο, ῥήτορα δὲ ἐνίοτε νικηθέντα ἐπαινοῦμεν· οὐκ ἄρα ῥητορικῆς τέλος ἐστὶ τὸ νικᾶν.

88 Ὥστε εἰ μήτε ὕλην ἔχει ἡ ῥητορικὴ περὶ ἣν τεχνιτεύει, μήτε τέλος ἐφ' ὃ ἀνάγεται, οὐκ ἂν ὑπάρχοι ἡ ῥητορική· οὔτε δὲ ὕλην ἔχει οὔτε τέλος, καθὼς παρεστήσαμεν· οὐκ ἄρα ὑπάρχει ἡ ῥητορική.

89 Ἐναπορήσειε δ' ἄν τις αὐτοῖς καὶ ἀπὸ τῶν μερῶν αὐτῆς. μέρη δὲ λέγουσι ῥητορικῆς τὸ δικανικόν τε καὶ συμβουλευτικὸν καὶ ἐγκωμιαστικόν, τούτων δὲ τοῦ μὲν δικανικοῦ τέλος εἶναι τὸ δίκαιον, τοῦ δὲ συμβουλευτικοῦ τὸ συμφέρον, τοῦ δὲ ἐγκωμιαστικοῦ τὸ καλόν. ὅπερ εὐ- 90 θέως ἄπορόν ἐστιν. εἴπερ γὰρ ἄλλο τι καθέστηκεν ἡ δικανικὴ ὑπόθεσις καὶ ἄλλο τι ἡ συμβουλευτικὴ καὶ οὐ ταὐτὸν ἡ ἐγκωμιαστική, πάντως τὸ τέλος τῆς δικανικῆς οὐκ ἂν εἴη καὶ τῆς συμβουλευτικῆς τέλος, καὶ τὸ ταύτης οὐκ ἔσται τῆς ἐγκωμιαστικῆς, καὶ ἐναλλάξ. ἐπεὶ οὖν τῆς συμβουλευτικῆς τέλος ἐστὶ τὸ συμφέρον, οὐκ ἂν εἴη τοῦτο τῆς δικανικῆς τέλος. ἢν δέ γε τῆς δικανικῆς τέλος τὸ δί- 91 καιον· οὐκ ἄρα τὸ δίκαιόν ἐστι συμφέρον. καὶ πάλιν,

Também aquilo que é o fim comum de toda arte não será o fim somente da Retórica, mas "o útil" é o fim de todas as artes em nossa experiência. Portanto, não há um fim peculiar à Retórica. // Resta, então, dizer que a "vitória" é seu fim; mas isso mais uma vez é impossível. Pois quem amiúde falha em atingir o fim da arte da Gramática não será um gramático, e quem amiúde falha em atingir o fim da arte da música não será um músico. Assim, da mesma forma, quem falha amiúde em atingir o fim da arte da Retórica não será um retórico. // Mas o retórico é mais vezes vencido do que vencedor e, quanto mais capaz ele é, mais se juntam a ele os que possuem casos injustos. Portanto, o retórico não é um retórico. Além disso, o que não atinge o fim da Retórica não será elogiado, mas às vezes elogiamos o retórico quando vencido: portanto, vencer não é o fim da Retórica.

// Consequentemente, se a Retórica não possui matéria acerca da qual se exerça como arte, nem fim ao qual se dirija, então ela não existe como arte. Mas não possui matéria, nem mesmo um fim, como estabelecemos: portanto, a Retórica é inconsistente.[56]

// Podem-se ainda levantar dificuldades aos retóricos baseando-se nas partes da Retórica. As partes da Retórica, dizem eles, são "a jurídica, a deliberativa e a encomiástica".[57] A "jurídica" tem a justiça por seu fim; a "deliberativa" tem o útil; e a "encomiástica" tem o nobre. Mas isso é mais uma vez aberto à dúvida, // pois se realmente o propósito jurídico é uma coisa, o deliberativo outra coisa e o encomiástico algo diferente, então certamente o fim do jurídico não será também o fim do deliberativo, e o fim do último não será aquele do encomiástico, e vice-versa. Tendo em vista, então, que o fim da parte deliberativa é o vantajoso, este não será o fim da parte jurídica. Mas o fim da parte jurídica é o justo; portanto, o justo não é útil.

ἐπεὶ ὡς τὰ μέρη ταῦτα διαφέρει ἀλλήλων, οὕτω καὶ τὰ τέλη διοίσει, παρόσον τῆς ἐγκωμιαστικῆς τέλος ἐστὶ τὸ καλὸν μὲν εἶναι ''' καὶ τὸ δίκαιον καλόν· ὅπερ ἄτοπον. καὶ 92 μὴν εἰ τῆς ὅλης ῥητορικῆς τέλος ἐστὶ τὸ πείθειν, τοῦ δὲ δικανικοῦ τὸ δίκαιον καὶ τοῦ συμβουλευτικοῦ τὸ συμφέρον καὶ τοῦ ἐγκωμιαστικοῦ τὸ καλόν, οὐ πάντως τὸ δίκαιον ἔσται πιθανόν, οὐδὲ τὸ συμφέρον, οὐδὲ τὸ καλόν· ὅπερ μάχεται τῷ διὰ παντὸς τὴν ῥητορικὴν ἐφίεσθαι τοῦ πείθειν.

Ἄλλως τε ἐπὶ τοῦ δικανικοῦ ἤτοι διὰ δικαίων μόνον 93 λόγων ἕλξει τοὺς δικαστὰς ἐπὶ τὸ τέλος ἡ ῥητορικὴ ἢ διὰ τῶν δικαίων ἅμα καὶ ἀδίκων. ἀλλ' εἰ μὲν διὰ τῶν δικαίων μόνον, ἀρετὴ γενήσεται· οὐχὶ δέ γε ἀρετή ἐστιν ἡ στοχαζομένη τῆς ὀχλικῆς πειθοῦς, ἐν ᾗ πολὺ τὸ εἰκαῖον καὶ ἐξαπατητικόν· οὐκ ἄρα διὰ τῶν δικαίων μόνον ἐπὶ τὸ τέλος ἄγειν πέφυκε τοὺς ἀκούοντας. εἶτα οὐδὲ συστή- 94 σεται ἐξ ἐναντίας λόγος ἀεί ποτε τὸ δίκαιον ταύτης μεταδιωκούσης, τοῦ δ' ἐναντίου μὴ ὄντος λόγου οὐδὲ ῥητορική τις γενήσεται, ὥστε οὐδὲ ταύτῃ τοῖς δικαίοις μόνον χρήσεται λόγοις. καὶ μὴν οὐδὲ τοῖς ἀδίκοις, ἐπεὶ ἄδικος γενήσεται, καὶ πάλιν τοῦ ἐναντίου μὴ ὄντος λόγου ἀσύστατος ἔσται. λείπεται ἄρα δι' ἀμφοτέρων αὐτὴν βαδίζειν. ὃ πολλῷ τῶν προτέρων ἐστὶν ἀτοπώτερον· ἔσται γὰρ ἅμα ἀρετὴ καὶ κακία, ὃ τῶν ἀδυνάτων καθέστηκεν. οὐ τοίνυν ῥητέον μέρος εἶναί τι ῥητορικῆς δικανικὸν ὃ τέλος ἔχει τὸ δίκαιον.

Πρός γε μὴν τοῖς εἰρημένοις, εἴπερ ὑποδεῖξαι τὸ δί- 95 καιον τοῖς δικασταῖς ἐν τῷ δικανικῷ μέρει τῆς ῥητορικῆς ὁ ῥήτωρ προτίθεται, ἤτοι αὐτόθεν ἐστὶ φαινόμενον καὶ ὁμόλογον τὸ δίκαιον ὅπερ ὑποδείκνυσιν, ἢ ἀμφισβητήσιμον. ἀλλὰ φαινόμενον μὲν οὐκ ἂν εἴποιεν· ἐπὶ τούτου

91 // E novamente, assim como essas partes diferem, os fins também diferirão; e, portanto, na medida em que o fim da parte encomiástica é o nobre e o da parte jurídica é o justo, é possível que o nobre não seja o justo, e
92 o justo não seja o nobre, o que é absurdo. // Ademais, se a persuasão é o fim da Retórica como um todo, mas o justo é o da parte jurídica, e o vantajoso o da deliberativa, e o nobre o da encomiástica, então, certamente, o justo não é persuasivo, tampouco é vantajoso, ou mesmo nobre; e isso conflita com a noção de que a Retórica dirige-se totalmente à persuasão.
93 // Mais além, no caso da parte jurídica, a Retórica levará os jurados ao seu fim somente por discursos justos, ou somente por discursos injustos, ou ainda simultaneamente por justos e injustos.[58] Mas se for somente por discursos justos, será a excelência; mas o que se dirige à persuasão da multidão não é a excelência, pois ela contém muito do que é precipitado e enganoso; não é, portanto, sua natureza conduzir os ouvintes ao seu fim
94 somente através de discursos justos. // Ora, além disso, como nenhum argumento contrário jamais se erguerá a partir dessa perseguição ao justo, e do discurso que não é contrário não surgirá qualquer Retórica, conclui-se daí que não usará apenas discursos justos. E tampouco usará os injustos, visto que será injusta, e, mais uma vez, a partir do discurso que não é contrário, ela será incoerente. Resta então dizer que ela procede de ambos os modos, o que é de longe mais absurdo do que as suposições anteriores, pois ela será ao mesmo tempo virtude e vício, o que é impossível. Deve-se, então, negar que haja uma parte jurídica na Retórica que tenha a justiça por seu fim.
95 // Acrescente-se ao que foi dito que, se o retórico propõe explicar aos juízes o que é justo por meio da parte jurídica da Retórica, a justiça que ele explica é por si só evidente e acordada, ou é disputável. Mas eles não dirão que ela é evidente,

γὰρ οὐ συνίσταται ὁ ῥητορικὸς λόγος, ἀναμφισβητήτου
96 καθεστῶτος. λείπεται οὖν τὸ ἀμφισβητήσιμον. ὃ πάλιν
ἐστὶν ἄπορον· τοσοῦτον γὰρ ἀπέχουσιν οἱ εἰς τοὐναντίον
ἐπιχειροῦντες τὴν ἀμφισβήτησιν λύειν ὡς καὶ ἐκ τῶν ἐναντίων αὐτὴν ἐπισφίγγειν, ἐπιθολοῦντες τὴν τῶν δικαστῶν
γνώμην. καὶ τούτου πίστις ἡ περὶ Κόρακος φερομένη
97 παρὰ τοῖς πολλοῖς ἱστορία. νεανίας γὰρ πόθῳ ῥητορικῆς
'''κατασχεθεὶς προσῆλθεν αὐτῷ τὸν ὁρισθησόμενον ὑπ'
αὐτοῦ μισθὸν δώσειν ἐπαγγελλόμενος, ἂν τὴν πρώτην νικήσῃ δίκην. συμφωνίας δὲ γενομένης, καὶ τοῦ μειρακίου
ἱκανὴν ἕξιν ἐμφαίνοντος ἤδη, ὁ μὲν Κόραξ ἀπῄτει τὸν
μισθόν, ὁ δ' ἀντέλεγεν. ἀμφότεροι δὲ παρελθόντες εἰς
τὸ δικαστήριον ἐκρίνοντο, ὅτε καὶ πρῶτόν φασι τὸν Κόρακα τοιαύτῃ τινὶ χρῆσθαι ἐπιχειρήσει, λέγοντα ὡς ἐάν τε
νικήσῃ ἐάν τε μή, λαβεῖν ὀφείλει τὸν μισθόν, νικήσας
μὲν ὅτι ἐνίκησεν, λειφθεὶς δὲ κατὰ τὸν τῆς συμφωνίας
λόγον· ὡμολόγησε γὰρ αὐτῷ ὁ ἀντίδικος ἀποδώσειν τὸν
μισθὸν ἐὰν τὴν πρώτην νικήσῃ δίκην, ἣν αὐτόθεν νική-
98 σας ὀφείλει τὴν ὑπόσχεσιν χρεωλυτεῖν. θορυβησάντων δὲ
τῶν δικαστῶν ὡς δίκαια λέγοντος αὐτοῦ, παραλαβὼν τοὺς
λόγους ὁ νεανίας τῷ αὐτῷ ἐπιχειρήματι, μηδὲν μεταθείς,
ἐχρῆτο· "ἐάν τε" γὰρ "νικήσω" φησὶν "ἐάν τε νικηθῶ, οὐκ
ὀφείλω τὸν μισθὸν ἀποδοῦναι Κόρακι, νικήσας μὲν ὅτι
ἐνίκησα, λειφθεὶς δὲ κατὰ τὸν τῆς συμφωνίας λόγον·
ὑπεσχόμην γὰρ ἀποδώσειν τὸν μισθὸν ἐὰν τὴν πρώτην
99 νικήσω δίκην, λειφθεὶς δὲ οὐκ ἀποδώσω." εἰς ἐποχὴν δὲ
καὶ ἀπορίαν ἐλθόντες οἱ δικασταὶ διὰ τὴν ἰσοσθένειαν
τῶν ῥητορικῶν λόγων ἀμφοτέρους ἐξέβαλον τοῦ δικαστηρίου, ἐπιφωνήσαντες τὸ "ἐκ κακοῦ κόρακος κακὸν ᾠόν."
100 Οἷος δέ ἐστιν ὁ περὶ τοῦ δικανικοῦ μέρους λόγος,
τοιοῦτος γένοιτ' ἂν καὶ ὁ περὶ τοῦ συμβουλευτικοῦ, ἵνα
μὴ μακρηγορῶμεν. τὸ μὲν γὰρ ἐγκωμιαστικόν, σὺν τῷ

posto que sobre isso nenhum discurso retórico é composto, tendo em vista que é acordado. // Resta então dizer que é disputável. Mas isso novamente está aberto à dúvida, pois aqueles que argumentam por lados opostos estão longe de assentar a disputa que eles, ao contrário, intensificam por meio de suas contradições e anuviam as mentes dos juízes. E isso é evidente pela história comumente contada sobre Córax.⁵⁹ // Um jovem homem tomado pelo desejo pela Retórica foi até ele e prometeu que o pagaria a quantia que ele cobrasse, caso ele ganhasse seu primeiro caso. E quando o trato foi feito, e o jovem dispunha de habilidade suficiente, Córax cobrou seus honorários, mas o outro disse "não". Ambos então recorreram ao tribunal e tiveram seu caso julgado; e então, é dito, Córax pela primeira vez utilizou um argumento deste tipo: que, se ele ganhou ou perdeu o caso, ele deve receber a quantia; se ele ganhou, porque ganhou, e se ele perdeu, de acordo com os termos do trato; pois seu oponente concordou em pagar-lhe a quantia se ele ganhasse seu primeiro caso, então, se ele ganhou, era assim obrigado a desfazer o débito.

// E após os juízes o terem aplaudido por falar de modo justo, o jovem, por seu turno, começou o seu discurso e utilizou o mesmo argumento, nada alterando: "Se eu ganho", disse ele, "ou se sou vencido, não sou obrigado a pagar a Córax a taxa; se ganho, porque ganhei; e se perco, de acordo com os termos do contrato; pois prometi pagar a taxa se ganhasse meu primeiro caso, mas, se perdesse, não deveria pagar". // Os juízes, então, levados a um estado de suspensão do juízo e perplexidade quanto à equipolência dos argumentos retóricos,⁶⁰ conduziram ambos para fora do tribunal, gritando: "Um mau ovo de um mau corvo!".⁶¹

// Quanto ao argumento acerca da parte "deliberativa", será semelhante ao argumento acerca da parte jurídica, para não sermos prolixos. Sobre a parte "encomiástica",

ταῖς αὐταῖς ἀπορίαις ὑπάγεσθαι, ἔτι καὶ ἀμέθοδόν ἐστιν. ἐπεὶ γὰρ οὔτε πάντες ἄνθρωποι ἐγκωμιάζεσθαι θέλουσιν 101 οὔτε ἐπὶ τοῖς αὐτοῖς, δεῖ τὸν μέλλοντα καλῶς ἐγκωμιάζειν εἰδέναι τὴν τοῦ ἐγκωμιαζομένου διάθεσιν· οὐ πᾶν δέ γε τὸ καθ᾽ ἕτερον κίνημα ληπτόν ἐστιν ἑτέρῳ. καὶ ἄλλως οἱ ῥήτορες οὐ παραδεδώκασί τινα μέθοδον δι᾽ ἧς εἰσόμεθα τὸ πότε καὶ τίνα ἐγκωμιαστέον ἐστίν· οὐκ ἄρα δυνατὸν ἀπὸ ῥητορικῆς ὑγιῶς ἐγκωμιάζειν. ἤτοι τε ἐπὶ τοῖς μὴ 102 οὖσιν ἀγαθοῖς δοκοῦσι δὲ εἶναι, ἢ ἐπὶ τοῖς κατ᾽ ἀλήθειαν οὖσιν ἐγκωμιάσει ὁ ῥήτωρ. οὔτε δὲ ἐπὶ τοῖς μὴ οὖσι, προσδιαφθείρει γὰρ τοὺς ἐγκωμιαζομένους, οὔτε ἐπὶ τοῖς οὖσιν· ἀγνοεῖ γὰρ ταῦτα, ὅτε καὶ τοῖς φιλοσόφοις διὰ τὴν ἀνεπίκριτον περὶ αὐτῶν μάχην ἐστὶν "'ἀκατάληπτα. οὐκ ἄρα δύναταί τινα ἐγκωμιάζειν ὁ ῥήτωρ. οἵ τε μὴ εἰδότες 103 ἐφ᾽ οἷς ἐγκωμιαστέον ἐστὶν οὐδὲ ἐγκωμιάζειν δύνανται· οἱ δέ γε ῥήτορες οὐκ ἴσασιν ἐφ᾽ οἷς ἐγκωμιάζειν δεῖ, καθὼς παραστήσομεν· τοίνυν οὐδὲ ἐγκωμιάζειν δυνήσονται. ἐγκωμιαστέον γάρ φασιν ἀπὸ γένους καὶ κάλλους καὶ πλούτου καὶ πολυτεκνίας καὶ τῶν ἐοικότων, ἀνάπαλίν τε ψεκτέον ἀπὸ δυσγενείας καὶ δυσμορφίας καὶ πενιχρότητος. ὅπερ εὔηθες· δεῖ γὰρ ἡμᾶς ἀπὸ τῶν παρ᾽ ἡμᾶς γινομέ- 104 νων τοὺς ἐπαίνους ἕλκειν καὶ ψόγους, εὐγένεια δὲ καὶ εὐτυχία κάλλος τε καὶ πολυτεκνία καὶ τὰ τοιαῦτα οὐκ ἔστι παρ᾽ ἡμᾶς γινόμενα, ὥστε οὐκ ἐπαινετέον ἀπ᾽ αὐτῶν, ἐπεί τοί γε εἰ ψιλῶς ἐπαινετέον τὴν εὐγένειάν ἐστι καὶ πολυτεκνίαν καὶ πᾶν τοιουτῶδες, ἐπαινετέος καὶ Βούσιρις καὶ Ἄμυκος καὶ Ἀνταῖος οἱ ξενοκτόνοι, ὅτι Ποσειδῶνος ἦσαν υἱεῖς, ἐπαινετὴ δὲ καὶ ἡ Νιόβη, ὅτι πολύτεκνος. ἐναν- 105 τίως τε εἰ ἡ ἀμορφία καὶ ἡ πενία ψεκτόν, ψεκτέος μὲν Ὀδυσσεύς, ὅτι χερνήτου λαβὼν σχῆμα

ἀνδρῶν δυσμενέων κατέδυ πόλιν,

ψεκτέος δὲ ὁ Διὸς Περσεύς, ὅτι πήραν περιηρτημένος τὴν

Contra os retóricos

ou laudatória,[62] além de ser sujeita às mesmas dúvidas, também carece de método. // Pois, tendo em vista que nem todos os homens desejam ser elogiados, muito menos baseados nas mesmas coisas, aquele que vai elogiar deve saber bem a disposição da pessoa que está sendo elogiada; mas nem toda emoção em um homem é perceptível a outro homem. Ademais, os retóricos não nos forneceram qualquer método por meio do qual se possa saber quando e quem se deve elogiar; é impossível, portanto, elogiar propriamente por meio da Retórica. // Mas tanto em vista das coisas que não são boas, mas parecem ser, quanto em vista das que verdadeiramente são boas, o retórico elogiará. Mas não em vista das que não são boas, pois corromperia os elogiados, nem também em vista das que são boas, pois ignora essas coisas, uma vez que até para os filósofos, em consequência de disputas intermináveis, elas não são apreensíveis. Portanto, o retórico não é capaz de elogiar alguém. // Também aqueles que não sabem o que levar em conta na hora de elogiar são incapazes de elogiar. Mas os retóricos não sabem o que levar em conta para elogiar, como demonstraremos, então eles não serão capazes de elogiar. Pois eles asserem que se deve elogiar no âmbito do nascimento, da beleza, da abundância de filhos e de coisas semelhantes, e que, inversamente, se deve censurar no âmbito da pouca prole, da feiura e da pobreza. // Mas isso é tolice, pois ele deve atrair elogios e culpas às coisas inerentes a nós, mas o nascimento nobre, a boa fortuna, a beleza, a abundância de filhos e coisas desse tipo não nos são inerentes, então não deveríamos ser elogiados a partir delas. Pois, sendo certo, se elogiarmos incondicionalmente o nobre nascimento, a abundância de filhos e tudo o mais desse tipo, deveremos elogiar aqueles assassinos de hóspedes, Busíris, Amico e Anteu,[63] porque eram filhos de Poseidon,[64] e também elogiar Níobe,[65] porque ela abundava em filhos. // Ao contrário, se feiura e penúria devem ser censuradas, então Odisseu[66] deve ser culpado, porque, de um mendigo tomando a forma[67]

Dos homens hostis adentrou a cidade

e Perseu,[68] o filho de Zeus,[69] deve ser culpado, porque andou pela Líbia sem água, com uma bolsa ao seu redor,

ἄνυδρον ὥδευε Λιβύην, καὶ Ἡρακλῆς, ὅτι λεοντῆν καὶ ξύλον ἐπὶ τοὺς ἄθλους ἐπήγετο.

106 Συνελόντι δὲ φάναι, δεδόσθω ταῦτα μέρη εἶναι τῆς ῥητορικῆς. ἀλλ' ἐπεὶ τὸ δίκαιον, ὅτι ἔστι δίκαιον, καὶ τὸ συμφέρον, ὅτι ἔστι συμφέρον, καὶ τὸ καλόν, ὅτι ἔστι καλόν, ἀποδείξει παρίσταται, καὶ οὐδέν ἐστιν ἡ ἀπόδειξις, οὐδὲ ῥητορική τι γενήσεται ἡ ἐπὶ τοιούτοις μέρεσι συνεστῶσα. "ὅτι δὲ οὐδέν ἐστιν ἀπόδειξις, ἀκριβέστερον μὲν δείκνυται ἐν τοῖς σκεπτικοῖς ὑπομνήμασιν, ὑπομνηστικώ-
107 τερον δὲ καὶ νῦν παρασταθήσεται. εἰ γὰρ μηδὲν ὁ λόγος, οὐδὲ ἡ ἀπόδειξις ἔστι, ποιὸς λόγος οὖσα· οὐδὲν δέ γέ ἐστι λόγος, ὡς παρεστήσαμεν, διὰ τὸ μήτε ἐν φωναῖς μήτε ἐν ἀσωμάτοις λεκτοῖς ἔχειν τὴν ὑπόστασιν· οὐδὲ ἀπόδει-
108 ξις ἄρα ἔστιν. ἄλλως τε, εἰ ἔστιν, ἤτοι ἐναργὴς καθέστηκεν ἢ ἄδηλος. οὔτε δὲ ἐναργής ἐστιν· ἄδηλον γάρ τι περιέσχηκε, καὶ διὰ τοῦτό ἐστι διάφωνος, παντὸς τοῦ δια-
109 φωνουμένου πράγματος ἀδήλου τυγχάνοντος. λείπεται ἄρα ἄδηλον αὐτὴν εἶναι. ἀλλ' εἰ τοῦτο, ἤτοι αὐτόθεν ληφθήσεται ἢ ἐξ ἀποδείξεως. οὔτε δὲ αὐτόθεν ληπτή ἐστιν (ἄδηλος γὰρ ἦν, τὸ δὲ ἄδηλον αὐτόθεν λαμβανόμενον ἄπιστον) οὔτε ἐξ ἀποδείξεως διὰ τὴν εἰς ἄπειρον ἔκ-
110 πτωσιν· οὐκ ἄρα τις ἔστιν ἀπόδειξις. μὴ οὔσης τε γενικῆς ἀποδείξεως οὐδὲ εἰδική τις ἔσται ἀπόδειξις, ὥσπερ καὶ μὴ ὄντος ζώου οὐδὲ ἄνθρωπος ἔστιν· γενικὴ δέ γε ἀπόδειξις οὐκ ἔστιν, ὡς παραστήσομεν· τοίνυν οὐδὲ ἄλλη τις γενήσεται τῶν ἐπ' εἴδους. ἐπεὶ γὰρ ἄδηλός ἐστιν, ὡς προεπελογισάμεθα, ὀφείλει διὰ τινος καταστῆναι. διὰ τί-
111 νος οὖν; ἤτοι γὰρ διὰ γενικῆς ἢ εἰδικῆς ἀποδείξεως. οὔτε δὲ διὰ εἰδικῆς διὰ τὸ μήπω βέβαιον εἶναι τὴν τῆς γενικῆς ὕπαρξιν, οὔτε διὰ γενικῆς· αὕτη γάρ ἐστιν ἡ ἀμφισβητουμένη. οὐ τοίνυν ἔστι τις γενικὴ ἀπόδειξις. ᾧ ἕπεται τὸ μηδὲ τὴν εἰδικὴν ὑπάρχειν. καὶ ἄλλως, ἡ γενικὴ ἀπό-

e Heracles,⁷⁰ porque tomou consigo em seus trabalhos uma pele de leão e uma clava. // Falando brevemente, então, seja garantido que essas sejam as partes da Retórica. Mas, tendo em vista o fato de que o que é justo é justo e o que é vantajoso é vantajoso e o que é nobre é nobre e fundamentado por prova,⁷¹ e que nada é prova, tampouco a Retórica, que é composta dessas partes, será algo determinado. Que nada é prova foi demonstrado mais precisamente em nosso *Notas sobre o Ceticismo*,⁷² mas devemos agora fundamentar mais isso por meio de uma nota ou lembrete. // Se o discurso não é nada, tampouco a prova existe, sendo um tipo de discurso, mas o discurso não é nada, como fundamentamos,⁷³ porque ele não subsiste nem na expressão e nem no proferimento incorpóreo,⁷⁴ portanto, a prova não existe. // Mais além, se ela existe, ela é evidente ou não evidente. Mas não é evidente, pois contém algo não evidente, e por causa disso é objeto de disputa, como tudo sobre o que se disputa é não evidente. // Resta então dizer que é não evidente. Mas se assim é, será percebida por si mesma ou após a prova. Mas não é perceptível por si mesma (pois é não evidente, e o não evidente, se percebido por si mesmo, não é confiável), e tampouco após a prova, por causa do regresso ao infinito. Portanto não há prova. // Ademais, como não há uma prova geral,⁷⁵ não haverá também uma prova específica, da mesma forma que se "animal" não existe, tampouco "homem" existe. Mas a prova geral não existe, conforme fundamentaremos, então nenhuma outra prova, específica, existirá. Pois, tendo em vista que é não evidente, como argumentamos previamente, deve ser confirmada por algo. Por que então? Por uma prova geral ou por uma específica. // Não por uma específica, visto ainda não estar sólida a consistência da específica, nem tampouco por uma geral, pois é essa a questão em disputa. Portanto, não há uma prova geral. Disso se segue que tampouco a prova específica é consistente.

δειξις εἰ μὲν λήμματά τινα ἔχει καὶ ἐπιφοράν, οὐδὲ γενική ἐστιν, εἰ δὲ οὐκ ἔχει, οὐδὲ κατασκευάσει τι, πολὺ δὲ μᾶλλον οὐδὲ τὴν ἑαυτῆς ὕπαρξιν. ἥ τε τὴν ἀπόδειξιν πιστου- 112 μένη ἀπόδειξις ἤτοι ζητεῖται ἢ ἀζήτητός ἐστιν. ἀλλ' ἀζήτητος μὲν οὐκ ἂν εἴη διὰ τὰς ἔμπροσθεν εἰρημένας αἰτίας, ζητουμένη δὲ ὀφείλει ὑπ' ἄλλης κατασκευάζεσθαι, κἀκείνη πάλιν ὑπ' ἄλλης, καὶ τοῦτο εἰς ἄπειρον. οὐκ ἄρα ἔστι τις ἀπόδειξις.

Ἀλλὰ γὰρ καὶ πρὸς τὰ συνέχοντα θεωρήματα τῆς 113 ῥητορικῆς ἀντειπόντες ἀπ' ἄλλης ἀρχῆς καὶ τῶν ″′πρὸς τοὺς γεωμέτρας καὶ ἀριθμητικοὺς ἀποριῶν ἁπτώμεθα.

E além, se a prova geral tem premissas e uma conclusão, ela não é geral, e, se não tem, ela não prova nada e, o que é muito pior, ela nem mesmo provará sua própria consistência. // Também a prova que confirma a prova é questionada ou inquestionável. Mas, pelas razões estabelecidas acima, ela não será inquestionável, e se questionada deve ser provada por outra prova, e esta novamente por outra, e assim ao infinito.[76] Portanto, não há uma prova.

// Assim, agora que refutamos as principais doutrinas da Retórica, façamos um novo começo e ocupemo-nos das objeções levantadas contra os geômetras e os aritméticos.

Comentários

1. A Gramática é tema de *Contra os gramáticos*, o livro que antecede *Contra os retóricos*.
2. Muitas das referências feitas por Sexto Empírico à Retórica poderão ser mais bem compreendidas recorrendo-se ao clássico DOBSON, J. F. *The Greek orators* [Os oradores gregos]. Londres: Methuen & Co., 1875.
3. Compare com *Górg.* 453a: "SÓCRATES: Quer parecer-me, Górgias, que explicaste suficientemente o bem que consiste para ti a arte da Retórica. Se bem te compreendi, afirmastes ser a Retórica a mestra da persuasão, e que todo o seu esforço e exclusiva finalidade visam apenas a esse objetivo. Ou tens mais alguma coisa a acrescentar sobre o poder da Retórica, além de levar a persuasão à alma dos ouvintes? GÓRGIAS: De forma alguma, Sócrates: acho tua definição muito boa. A persuasão é, de fato, a finalidade precípua da Retórica".
4. *Ilíad.* III, 156.
5. Sexto Empírico refere-se aqui ao caso da cortesã Friné (*c.* 400 a.C.), ou Frineia, que foi acusada de ter profanado os Mistérios de Elêusis e que, na ocasião, foi defendida pelo retórico Hipérides, que era um dos seus amantes. Para mais

informações, ver: ATENEU, *Deipnosofistas* 558, 567, 583, 585, 590, 591; CLÁUDIO ELIANO, *Varia Historia* IX 32; PLÍNIO O VELHO, *História Natural* XXXIV, 71.

6. Xenócrates viveu no período compreendido entre *c.* 396-314 a.c. e sucedeu Espeusipo como escolarca da Academia no período compreendido entre *c.* 339-314 a.c. Em *D.L.* há uma seção inteira dedicada a ele (IV, 6-15). Citamos aqui um trecho do passo 6: "[...] nasceu na Calcedônia. Ainda muito jovem tornou-se discípulo de Platão, e além disso acompanhou-o até a Sicília".

7. Ou seja, segundo Sexto Empírico, para Xenócrates ἐπιστήμη é sinônimo de τέχνη, enquanto para os estoicos é sinônimo de κατάληψις.

8. Discurso é simplesmente λόγος e, como veremos, para Sexto Empírico pode ser o ato locucionário do homem ordinário em seu cotidiano, ou referir-se ao uso que os retóricos fazem da linguagem, deveras prolixo e carente de objetividade, ao passo que as discussões dialéticas são marcadas pela concisão.

9. Nascido de linhagem parcialmente fenícia em torno de 334 a.c., lia livros trazidos de Atenas por seu pai, um próspero mercador. Tendo se interessado por Filosofia desde a infância, com cerca de 20 anos abandona os negócios da família em sua cidade natal, em Chipre, e muda-se para Atenas em busca de instrução filosófica, onde passou a frequentar os círculos remanescentes de Filosofia Socrática. As principais escolas filosóficas que vieram a influenciar o pensamento zenoniano foram o Cinismo, o Megarismo, a Filosofia da Academia e a Escola Dialética. Após perambular por essas escolas, Zenão passou a palestrar na colunata pintada do pórtico de Atenas, fundando a Escola da Stoá, ou Estoicismo. Zenão ocupa uma longa seção em Diógenes Laércio (*D.L.* VII, 1-38; a Filosofia Estoica, por sua vez, ocupa os passos *D.L.* VII, 1-202). De *D.L.*, limitamo-nos a reproduzir o passo seguinte: "Zenão era

perseverante e frugalíssimo; seus alimentos não requeriam fogo e seu manto era leve. Por isso dizia-se dele: 'Nem o gélido inverno, nem a chuva incessante, nem a chama do sol, nem a doença atroz conseguem dominá-lo, nem os inúmeros folguedos populares; infatigavelmente ele se dedica a seus estudos'" (*D.L.* VII, 26).

10. Cícero relata esse comportamento de Zenão, de elucidar algumas de suas concepções filosóficas com gestos, em várias passagens, notadamente: *de Finibus Bonorum et Malorum* II, 6; *Orator* 32; *Academica priora* 145, *et posteriora* 41. Limitaremo-nos a reproduzir adiante a passagem de *Academica priora*: "[...] ninguém conhece nada, exceto o sábio. Zenão costumava demonstrar isso com gestos. Quando ele colocava sua mão espalmada à sua frente com seus dedos esticados, ele dizia: 'Uma impressão é como isso'. Depois, após contrair um pouco seus dedos: 'O assentimento é como isso'. Então, quando fechava sua mão, ele dizia que era uma 'apreensão' ou 'adesão'. (Essa imagem também sugere o nome que ele deu a isso, *katalepsis* [literalmente 'aderir'], que não foi usado outrora.) Finalmente, quando ele colocava sua mão esquerda no alto, espremendo a mão direita fechada contra ela com força, ele dizia que o conhecimento científico é assim: um estado que ninguém, exceto o sábio, desfruta" (*Acad. pr.* 145). Ressaltamos, ainda, que esse é o fragmento III 21 de Von Arnin. Para mais fragmentos concernentes a Zenão, ver: ARNIN, I. Von. *I Frammenti degli Stoici Antichi, vol. I: Zenone.* Bari: Gius, Laterza & Figli, 1932.

11. Em grego τέχνη λόγων, ou seja, "arte dos discursos". Compare com a definição muito mais complexa em *Rhet.* 1355b 25-34. Sexto Empírico se refere aqui provavelmente ao tratado *Rhetorica ad Alexandrum*, cuja autoria foi atribuída na Antiguidade a Aristóteles. Hoje em dia, no entanto, esse tratado é atribuído a Anaxímenes de Lampsaco. Ver: CHIRON, P. "The Rhetoric to Alexandre". In: WORTHINGTON, I.

(Org.). *A Companion to Greek Rhetoric*. Oxford: Wiley-Blackwell, 2010. p.90-106. Apesar de esse tratado não oferecer uma definição propriamente dita da Retórica, ele atesta a sua prática comum no século IV, período em que a Retórica era denominada simplesmente de τέχνη λόγων. Somente depois de Platão e Aristóteles, o termo ῥητορική se torna corrente. Ver: KENNEDY, G. A. "Historical Survey of Rhetoric". In: PORTER, S. E. (Org.). *Handbook of Classical Rhetoric in the Hellenistic Period*. Leiden: Brill, 1997. p.3-41.

12. Compare com *P.H.* III, 188: "Novamente, os estoicos declaram que os bens da alma são determinadas artes (τέχνας), digo, as virtudes (ἀρετάς). E uma arte, dizem eles, é 'um sistema composto por apreensões (καταλήψεων) exercidas em conjunto', e as percepções surgem no princípio dominante (τὰς δὲ καταλήψεις γίγνεσθαι περὶ τὸ ἡγεμονικόν). Mas, como tomam lugar no princípio dominante, que, de acordo com eles, é o alento, um depósito de percepções, e tal agregado delas é capaz de produzir arte, é impossível de conceber, dado que cada impressão sucessiva oblitera a anterior, tendo em vista que o alento é fluido, e dele é dito que se move como um todo a cada impressão". Ou seja, para os estoicos, o fim moral, que é a excelência, envolve o domínio do máximo de artes, e mesmo a Filosofia, que é uma arte da vida, mas faz do homem um sábio completo. Sábios estoicos jamais cometem erros, estão seguros da estrutura providencial do mundo (Física), que é igual ao destino e que é o mesmo que a vontade de Zeus. Os sábios ordenam a vida de acordo com essa vontade e vivem conforme a natureza; isto lhes garante serenidade. Mas, para ser sábio, é preciso estar municiado de uma epistemologia (lógica) forte que indique com segurança a verdade, mesmo que dela se aproxime gradualmente (προκοπή). A mola mestra da epistemologia estoica é o conceito de fantasia (ou impressão) cataléptica.

Sobre ele nos diz Diógenes Laércio que "existem dois tipos de impressão, uma cataléptica, a outra não cataléptica: a cataléptica, que eles defendem ser o critério para os fatos, é a que vem de algo existente e que está de acordo com a própria coisa existente, tendo esta sido estampada e impressa; já a não cataléptica vem de algo não existente ou, então, se vem de algo existente, não está de acordo com a coisa existente, e não é clara, nem distinta" (*D.L.* VII, 46). Convém ressaltar que, mesmo que a noção de impressão cataléptica seja central em todas as fases do Estoicismo, houve na fase inicial uma certa querela em torno dela. Para Zenão, as impressões catalépticas eram impressas na alma. Com isso concordou seu discípulo e segundo escolarca do Estoicismo, Cleanto de Assos. Contudo, o terceiro escolarca e talvez o mais importante dos estoicos, dado seu vigor intelectual de sistematizador, sua fecundidade (escreveu cerca de setecentos volumes) e suas contribuições revolucionárias para a lógica proposicional estoica, Crisipo via contradições na ideia de que as impressões catalépticas eram impressões na alma, porque para os estoicos a alma era corpórea e, assim, não seria possível imprimir algo nela inúmeras vezes, porque, se isso fosse feito, as primeiras impressões ficariam distorcidas e não seria possível preservá-las, não haveria memória nem habilidade e, por sua vez, também não haveria experiência (ἐμπειρία). Para Crisipo, as impressões eram alterações na alma, de modo que haveria uma forma primordial da alma que não se conservaria, porque desde o nascimento estaríamos suscetíveis a impressões que mudariam, cada uma delas, a forma da alma. O acúmulo de mudanças justificaria o acúmulo de impressões e, portanto, a memória e as habilidades. À parte as querelas e pequenas discrepâncias, há que se notar que para os estoicos (ao contrário dos epicuristas) as impressões não são todas verdadeiras, e que as verdadeiras devem obedecer às

seguintes condições: (a) devem derivar de objetos existentes; (b) devem representar acuradamente esses objetos; (c) devem estar estampadas nos órgãos sensoriais. Apesar do papel primordial das impressões sensíveis, o que justifica a ideia de que o Estoicismo seja considerado um sistema empirista, deve-se ressaltar que não há só impressões sensíveis, mas também intelectuais, de modo que as impressões sensíveis vêm primeiro (são concepções anteriores – πρόληψις) e ocorrem sem esforço consciente e naturalmente (e, se verdadeiras ou catalépticas, ou seja, em consonância com a natureza, permitem estruturar o conhecimento da própria mente de Zeus e a obediência a seus desígnios, embora não sejam o conhecimento em si). Contudo, em um segundo momento, ocorrem impressões que são originadas no cultivo da mente e na atenção. Essas impressões intelectuais são conceitos (νόημα), que são imagens na mente de um animal racional e criam o entendimento científico (ἐπιστήμη). Podemos, então, propor o seguinte esquema para a teoria estoica do conhecimento: 1º – Há impressões que nos afetam e diante das quais somos passivos: (a) algumas são não catalépticas (não obedecem aos critérios de clareza e distinção) e não são seguras; (b) outras são catalépticas e são seguras, obedecem aos critérios de clareza e distinção e se dão naturalmente e em conformidade com a natureza. 2º – O acúmulo de impressões catalépticas, utilizado em conjunto, gera as diferentes habilidades. Por exemplo: a marcenaria é uma habilidade que advém do uso em conjunto de toda uma gama de impressões. 3º – Esse mesmo acúmulo gera a memória, que nos permite adquirir experiências. 4º – As experiências memorizadas e as próprias memórias causadas pelas impressões tornam-se objetos de reflexão mental, criando impressões intelectuais (conceitos). 5º – A articulação dos conceitos através de mecanismos discursivos e lógicos possibilita o entendimento

científico. Não podemos prosseguir sem mencionar que, além do conhecimento e da ignorância, há a opinião, que tanto pode ser errada e assemelhar-se à ignorância quanto ser correta e assemelhar-se ao conhecimento. Contudo, a ação fundamentada na ignorância deve ser condenada, e, da mesma forma, a ação fundamentada na opinião incorreta, porque agir de acordo com opiniões incorretas é uma ação típica dos ignorantes. Mas as ações que transcorrem de acordo com as opiniões corretas, apesar de se assemelharem ao conhecimento, também são originadas na ignorância, porque, não obstante suscitarem ações corretas, não se originam no conhecimento, e toda ação que não é executada de acordo com o conhecimento é executada de acordo com a ignorância. Além disso, somente pode ser louvável a ação que é sabidamente correta, porque houve um cálculo decisório. São reprováveis, por outro lado, todas as ações incorretas, porque houve um cálculo decisório errôneo, e as ações corretas ou incorretas originadas em opiniões, porque não houve cálculo decisório.

13. Nesse passo, tomamos o verbo ἐστιν em um sentido predicativo, gerando a tradução: "a Retórica não é [arte]". Contudo, Bury o toma em um sentido existencial, gerando: *"rhetoric does not exist"*, ver: EMPIRICUS, S. Trad. R. G. Bury. Harvard: Harvard University Press, 2006. 4v. Mas Bury utiliza o texto de Sexto conforme fixado por Bekker, que também utilizamos, mas adotamos nesse passo a emenda de Mutschmann--Mau, que adicionam [τέχνη], entre colchetes, suprindo assim o predicado subentendido. Convém ainda notar que a tradução latina de Herveti, que se apoiou em um texto nessa parte igual ao de Bekker, isto é, sem qualquer predicado explícito, leva em conta esse uso predicativo: *"non est ergo ars rhetorica"*, ou seja, "logo, Retórica não é arte".

14. Arrematando a conclusão do passo 10 (com a emenda de Mutschmann-Mau), Sexto Empírico faz seu argumento do passo 12 remeter-se diretamente ao do 10. Compare com Herveti: "*cum quo simul efficitu ut ne sit quidem ars rhetorica*".
15. Pouco se sabe sobre ele: foi um filósofo peripatético do século II a.c., tornou-se escolarca do Liceu, mas era influenciado pelos estoicos.
16. Retórico e diplomata ateniense que viveu no século IV a.C. (*c.* 380-320 a.C.). Sobre ele, ver *Adv. Gram.* 295: "Dêmades, o retórico, foi um gramático que, ao ser capturado junto com muitos atenienses após a derrota em Queroneia, disse a Felipe, que o forçava a juntar-se ao banquete: 'Houve um homem com sentimento de justiça que em seu coração pudesse partilhar o comer e beber antes de ter libertado seus companheiros e de tê-los visto de pé diante dele?'". Para mais informações, ver: DIODORO SÍCULO, *Biblioteca Histórica* XVII, 15.1-5, e XVIII, 13.5; CLÁUDIO ELIANO, *Varia Historia* V, xii; PAUSÂNIAS, *Descrição da Grécia* 7.10.4.
17. Atente que aqui começa a surgir o velho problema de como traduzir adequadamente o termo grego τέχνη. De fato, um problema para nós, porque nosso esquema conceitual diferencia em alguma medida "técnica" de "arte". Contudo, o texto grego continua a usar uma palavra da mesma raiz (τεχνικά), enquanto a tradução mudou, abandonando "arte" em nome de "técnica". Mas optamos pela mudança, considerando o que pensamos adaptar-se melhor ao bom português.
18. O Cármides citado aqui não é o que nomeia o diálogo platônico, mas sim um discípulo de Carnéades (*c.* 213-129 a.C.). Também Clitômaco (escolarca da Academia em *c.* 129 a.C.) foi discípulo de Carnéades: "Clitômaco nasceu em Cartago. Seu nome verdadeiro era Asdrúbal, e ensinou Filosofia em sua pátria, em seu próprio idioma. Aos 40 anos foi para Atenas e passou a ser discípulo de Carnéades, que lhe apreciava

a diligência, e fê-lo aprender o grego e participou de sua instrução. Clitômaco tornou-se tão esforçado que escreveu mais de quatrocentos livros" (*D.L.* IV, 67).

19. Legislador espartano, de cronologia incerta, que teria reformado as instituições de sua cidade criando o modelo que vigorou até o período Helenístico. Mais sobre ele nos é falado em *Vit. Par., Vida de Licurgo.*

20. Músico e poeta lírico cretense, célebre por introduzir em Esparta um novo estilo musical, centrado na adoração a Apolo. Sua cronologia é incerta, mas provavelmente esteve ativo em *c.* 690-660 a.c. Apesar da incerteza nas cronologias de Licurgo e Tales de Creta, é impossível que Licurgo fosse admirador de Tales, dado que o primeiro seria anterior ao segundo.

21. Tisafernes foi um soldado persa que se tornou sátrapa da Lídia e da Cária em 413 a.C. O episódio da visita do embaixador espartano a Tisafernes ocorre durante as guerras médicas, em que Dario II faz uma aliança com os espartanos contra os atenienses, o que o levou a conquistar os territórios gregos da Ásia Menor. Contudo, Tisafernes não queria iniciar um conflito armado e lançou mão de todo tipo de negociações para evitar os revezes da guerra, inclusive optando por fomentar uma aliança entre Esparta e Atenas que o mantivesse no poder e o ajudasse a combater seu rival Farnabazo da Frígia. Mas Dario preferia apoiar contundentemente os espartanos, dado que seu objetivo era derrotar Atenas e obter o domínio naval no Mediterrâneo, por isso afastou Tisafernes e empossou Ciro o Jovem como sátrapa da Lídia e da Cária, e a ele confiou o comando da guerra. Tisafernes retornou então à Ásia Menor e reclamou o poder sobre as cidades da Jônia, invadiu e dominou Mileto e lutou contra os mercenários gregos de Ciro, que acabou morrendo. Logo após, Tisafernes foi reempossado no cargo de comandante do Exército e sátrapa da Lídia e da Cária

e retaliou as cidades jônicas que haviam apoiado Ciro. Essas cidades, por sua vez, recorreram a Esparta, que as auxiliou contra Tisafernes. Nesse ínterim, Farnabazo e a rainha-mãe convenceram Dario II a agir contra Tisafernes, que acabou morto em 395 a.c. em Colossos, na Frígia.

22. Compare com *Hist*. III, 46: "Quando aqueles entre os sâmios que foram expulsos por Polícrates alcançaram Esparta, eles foram introduzidos diante dos magistrados e falaram de modo prolixo, sendo urgente sua petição. Os magistrados, contudo, quando pela primeira vez falaram, replicaram que tinham se esquecido das coisas que haviam sido ditas no início, e não entendiam aquelas que foram ditas no final. Após isso, os de Samos se apresentaram novamente, e trazendo com eles uma saca não disseram nada além disto: que a saca precisava de grãos; ao que [os magistrados] replicaram que eles tinham sido redundantes com a saca. Contudo resolveram ajudá-los".

23. O "poeta trágico Íon" provavelmente é o rapsodo que dá nome ao diálogo platônico.

24. Na versão de Mutschmann-Mau: ἠθολόγος, traduzida por Heveti como *"ethologus"*. Seguimos aqui o texto de Bekker.

25. Compare com *Adv. Phy*. I, 15-16, em que há um argumento (que alega que os deuses foram inventados pelos homens para conter o mal que os próprios homens causam) e que usa uma citação de Orfeu seguida de um breve comentário e de uma citação de um verso de *Op. D*. 255, mas aqui seguido de um verso de *Odyss*. XVII, 487: "Pois, tendo em vista que nos tempos antigos eram a brutalidade e a desordem (pois, como diz Orfeu: 'Havia um tempo em que todo homem vivia por devorar seu companheiro/ Sábio canibal, e o homem mais forte banqueteava-se do mais fraco'), propuseram então fiscalizar os fazedores do mal e lançaram mão de leis, em primeiro lugar, para a punição dos que manifestadamente faziam

o mal, e após isso eles também inventaram os deuses como vigilantes de todos os atos perversos e corretos dos homens, de modo que ninguém possa ousar fazer o mal mesmo em segredo, crendo que os deuses: 'Envoltos em vestes de névoa por toda a terra vagueiam/ Vigiando os violentos atos dos homens e seu comportamento sem leis'".

26. Para mais sobre os fragmentos órficos, ver: KERN, Otto. *Orphicorum Fragmenta*. Toronto: University of Toronto Libraries, 2011.
27. *Op. D.* 275.
28. Foi um poeta cômico ateniense contemporâneo de Aristófanes. Nenhuma de suas obras sobreviveu, restam somente fragmentos. Sobre ele, *D.L.* III, 109: "Existiu outro Platão, um filósofo de Rodes, discípulo de Panécio, como diz o gramático Selêucos no primeiro livro de sua obra *Da Filosofia*; e outro, um peripatético discípulo de Aristóteles; e ainda outro, discípulo de Praxifanes; e finalmente o poeta da Comédia Antiga". Para mais sobre o comediógrafo Platão, ver: MEINEKE, A. *Fragmenta Comicorum Graecorum*. Berlim: [s.n.], 1839-57. 5v. Notadamente o volume 3, p.692.
29. Provavelmente o retórico Teodoro de Bizâncio, sobre quem pouco se sabe, mas a quem se atribui uma obra sobre as divisões do discurso.
30. Os gregos votavam usando pequenas pedras ou seixos (ψῆφος), que eram depositados em urnas. Note que a expressão grega ψηφοπαῖκται, que traduzimos como "prestidigitadores", tem a mesma raiz que a palavra traduzida acima como "voto". Os prestidigitadores, aos quais os retóricos são comparados, enganam o público ao manipular rapidamente e esconder em um tabuleiro pequenas pedras, desafiando em seguida o público a apostar onde as pedras estão.
31. Demóstenes, orador ateniense nascido em *c.* 384 a.C., foi um logógrafo de sucesso, após o que passou a tratar na assembleia

de assuntos concernentes à política externa de Atenas, vindo a opor-se fortemente, junto com Ésquines (*c.* 389 a.C.), de quem na ocasião era amigo, à influência cada vez maior de Felipe II da Macedônia (pai de Alexandre o Grande). Nessa altura, Demóstenes e Ésquines foram enviados a Felipe II em uma missão para negociarem a paz (paz de Filócrates), que fracassou. A partir disso, Demóstenes e Ésquines tornaram-se inimigos. Demóstenes passaria então a fomentar a união de cidades gregas, sob liderança ateniense, contra o domínio macedônico, tendo sido veterano da batalha de Queroneia, vencida por Felipe. Para mais informações, ver: *Vit. Par., Vida de Demóstenes.*

32. O episódio aludido aqui por Sexto Empírico é o da defesa que Demóstenes faz de Ctesifon, acusado por Ésquines de ter proposto ilegalmente uma coroa para honrar Demóstenes. Ésquines perdeu a causa, mas nos deixou um livro, *Adversus Ctesiphon*, cujo passo 193 é citado na sequência por Sexto Empírico. Para mais informações, ver: *Vit. Par., Vida de Demóstenes.*
33. Sexto refere-se aqui à noção estoica de sábio, dificilmente encontrado.
34. Compare com *Adv. Gram.* 131: "Análogas a essas são as dificuldades que devem ser levantadas quanto às 'palavras' e as 'partes do discurso'. Pois, em primeiro lugar, como demonstramos um pouco atrás, se as sílabas não existem, a 'palavra' tampouco pode existir; pois palavras derivam sua substância das sílabas. E, em segundo lugar, na mesma linha de ataque, será possível empregar as mesmas objeções diretamente contra a própria 'palavra'. Pois ou é uma sílaba ou é composta por sílabas; mas em cada caso ela estará aberta às objeções que lançamos contra a sílaba".
35. Ao longo dos passos seguintes, os termos "elocução", "expressão" e "estilo" traduzem a expressão grega λέξις. O termo grego λέξις pode ser utilizado para se referir a qualquer ato de fala, mas é traduzido geralmente como "estilo",

"expressão", "dicção", "frase" ou até mesmo "palavra individual", dependendo do contexto. Na lógica estoica, λέξις exprime qualquer som articulado e seus elementos (στοιχεῖα) são as letras do alfabeto. Ver, a esse respeito: JONGE, C. C.; OPHUIJSEN, J. M. "Greek Philosophers on Language". In: BEKKER, E. J. *A Companion to Ancient Greek Language*. Oxford: Blackwell, 2010. p.485-498. No âmbito da Retórica, λέξις (no latim, "*elocutio*" ou "*dictio*") é uma de suas principais partes, sendo traduzida, nesse sentido, como "estilo", "dicção" ou mesmo "elocução". Nesse sentido técnico, a λέξις envolve não apenas o que hoje se entende usualmente como "estilo", como o uso de tropos, figuras de estilo e demais adornos, mas também questões da linguagem em geral, como por exemplo o que os gregos chamavam de τὸ ἑλληνίζειν, ou seja, o bom uso da língua grega, a escolha de palavras adequadas às diversas ocasiões etc. De fato, quando consideramos as virtudes de uma boa λέξις segundo a Retórica clássica, quais sejam, correção, clareza, ornamentação e pertinência, notamos que ela abarca portanto desde o que entenderíamos hoje como questões gramaticais e estilísticas, até mesmo certo domínio do tema tratado ou conhecimento de causa. Com isso, para maior clareza, optamos por traduzir o mesmo termo grego por palavras correspondentes em vernáculo mais apropriadas ao trecho em questão, cada qual se referindo a um dos vários de seus aspectos. Sobre a λέξις, ver: ROWE, G. O. "Style". In: PORTER, S. (Org.). *Handbook of Classical Rhetoric in the Hellenistic Period*. Leiden: Brill, 1997. p.121-157; REBOUL, O. *Introdução à Retórica*. São Paulo: Martins Fontes, 2004. p.61-6; LANHAM. *A Handlist of Rhetorical Terms*. Berkeley: University of California Press, 1991. p.174-8.

36. Compare com *Adv. Gram.* 189-190: "Resta-nos então apegarmo-nos ao uso de todos. E, se assim é, não há necessidade de analogia para se observar como muitos homens conversam

e o que eles adotam como o bom grego ou evitam como não sendo bom. Contudo, o bom grego existe ou por natureza ou por convenção. Mas não existe por natureza, tendo em vista que assim a mesma frase nunca pareceria bom grego para uns e mau grego para outros; e se existe por convenção e por sanção humana, o homem que fala bom grego é aquele que é mais exercitado e versado no uso comum, e não o que entende analogia".

37. Temos aqui um jogo de palavras entre ἀνήρ, geralmente traduzido por "homem" ou "varão", e βαλανεῖον, termo equivalente ao latim "*balneum*", ou seja, "quarto de banho", "aposento para o banho" e também "tina" ou "banheira". Talvez haja aqui implícita uma referência à ciência estoica da Etimologia.

38. Em grego, μεταλήψεις τῶν λέξεων, ou seja, "metalepse das expressões". A metalepse, enquanto artifício retórico, consiste em "atribuir um efeito presente a uma causa remota" (LANHAM, op. cit., p.99). Ou seja, trata-se em geral de um procedimento pelo qual se faz referência a um objeto por meio de algo que possui apenas uma relação remota com este mesmo objeto. Em muitos casos, a expressão é utilizada para expressar simplesmente "substituição de sentido" ou "uso de uma palavra por outra".

39. O termo grego περίοδον, neste contexto, exprime o que os manuais de Retórica denominam "sentenças periódicas" ou simplesmente "período". Trata-se de um tipo de sentença complexa que coloca a cláusula principal de uma oração no fim. Ou seja, as orações subordinadas e demais modificadores são colocados antes da oração principal, de tal modo que o sentido total fique suspenso e incompleto até o fim do período. Em muitos casos, esse procedimento pode até mesmo prejudicar a pronta compreensão da frase. Ver, a esse

respeito: BALDWIN, C. S. *Composition, Oral and Written*. Los Angeles: University of California Press, 1922. p.122. Ver também: LANHAM, op. cit., p.112-3.

40. Epifonema (ἐπιφώνημα), como termo técnico da Retórica, designa a frase final de um discurso, elaborada em tom geralmente sentencioso e ornamental, por meio da qual o retórico procura preparar ou conduzir o ouvinte a certa recepção da mensagem.

41. Em nome da eufonia, os gregos implementavam vários tipos de alterações fonéticas. As alterações vocálicas, citadas aqui por Sexto Empírico, são, basicamente, a elisão (do grego ἔκθλιψις – espremer ou apertar) e a crase (do grego κρᾶσις – mistura). A primeira consiste no desaparecimento de uma vogal breve final diante da vogal ou do ditongo inicial da palavra seguinte, sendo a apóstrofe o sinal da elisão, por exemplo: ἐπὶ ἐμοί → ἐπ' ἐμοί ("sobre mim"); μετὰ ἡμῶν → μεθ' ἡμῶν ("conosco"); ἐπὶ ὑμῖν → ἐφ' ὑμῖν. A segunda consiste na fusão de duas vogais, uma final e outra inicial, principalmente entre substantivos, conjunções e pronomes. Quando isso ocorre, usualmente se coloca o sinal da crase (κορωνίς – "ganchinho" com a mesma forma do espírito fraco) no interior da palavra, marcando, assim, as duas sílabas em que se deu a crase. Exemplos: καὶ ἐγώ → κἀγώ ("e eu"); ἐγὼ οἶδα → ἐγᾦδα ("eu sei"); καὶ ἔστιν → κἄστιν ("e há").

42. Homoteleuto (ὁμοιοτέλευτον) pode ser traduzido como "terminações similares". Em contextos retóricos, expressa a utilização deliberada de terminações similares em finais de palavras, frases ou parágrafos. Ou seja, fornecendo já um exemplo, ocorre quando se finalizam as frases com a mesma terminação, fazendo-as rimar, dando ares de poetar. Ver, a esse respeito: LANHAM, op. cit., p.83; SMYTH, H. W. *Greek Grammar*. Harvard: Harvard University Press, 1984. p.678.

43. Compare com *Adv. Gram.* 179: "Se os gramáticos prometem apresentar-nos uma arte descrita como 'analogia', pela qual eles nos compelem a discursar de acordo com aquele tipo de 'helenismo', pode-se apontar que essa arte não tem fundamento, e que aqueles que desejam discursar corretamente devem aderir ao estilo não técnico (ἀτέχνῳ), regular, de acordo com a vida (κατὰ τὸν βίον) e comum (κατὰ τὴν κοινὴν), e observar as regras que acordam com o uso da maioria".

44. Compare com *Rhet.* 1355b25-34: "Assentemos que a Retórica é a faculdade de ver teoricamente o que, em cada caso, pode ser capaz de gerar persuasão (Ἔστω δὴ ἡ ῥητορικὴ δύναμις περὶ ἕκαστον τοῦ θεωρῆσαι τὸ ἐνδεχόμενον πιθανόν). Nenhuma outra arte possui esta função, porque as demais artes têm, sobre o objeto que lhes é próprio, a possibilidade de instruir e de persuadir; por exemplo, a Medicina, sobre o que interessa à saúde e à doença, a Geometria, sobre as variações das grandezas, a Aritmética, sobre o número; e o mesmo acontece com as outras artes e ciências. Mas a Retórica parece ser capaz de, por assim dizer, no concernente a uma dada questão, descobrir o que é próprio para persuadir. Por isso dizemos que ela não aplica suas regras a um gênero próprio e determinado".

45. Filósofo peripatético contemporâneo de Critolau.

46. Retórico do final do século II a.C., é considerado um dos mais importantes do período Helenístico. Hermágoras aderia a uma teoria sobre a Retórica de origem peripatética, mas influenciada pelo Estoicismo. Foi um dos responsáveis por introduzir a Retórica grega em Roma.

47. Ateneu de Náucratis foi um gramático e retórico do fim do século II d.C., contemporâneo de Marco Aurélio, mas a ele sobreviveu, tendo vivido até o começo do século III d.C. Escreveu o célebre *Deipnosophisthae*, ou "banquete dos sábios".

A menção a Ateneu aqui lança problemas sobre a cronologia do próprio Sexto Empírico.
48. Retórico ateniense do século V a.c., morto no século IV a.C., discípulo de Protágoras, Sócrates e Górgias. Rompe com todos eles e funda uma escola de eloquência, que veio a se tornar rival da Academia de Platão, cuja doutrina filosófica foi alvo de Isócrates, que não a achava apta para formar bons cidadãos. Além disso, Isócrates também combateu a sofística.
49. Ou "persuasivo" (πιθανός). Trata-se de um jogo de palavras com os significados possíveis do vocábulo. Afinal, "provável" no sentido de "plausível" relaciona-se de tal modo com "persuasivo" que em grego chegam a ser sinônimos. Ou seja, para que a persuasão se efetive, é necessário em alguma medida que o interlocutor aceite determinada proposição como plausível e digna de aceitação. A tradução latina de Herveti trata a mesma expressão de formas divergentes no texto, citando-a em grego no corpo do texto e adicionando uma pequena descrição ou expansão em latim, logo depois, que não tem correspondente no grego: "τὸ πιθανὸν, *id est, id quod est appositum ad persuadendum*".
50. Compare com *Adv. Log.* I, 174: "A probabilidade, na presente instância, é usada em três sentidos: no primeiro, é aquilo que tanto parece quanto é verdade; no segundo, é aquilo que é realmente falso, mas parece verdade; no terceiro, é aquilo que é ao mesmo tempo tanto verdadeiro quanto falso".
51. Compare com a versão latina de Herveti: "*veri procreans visionem*", ou seja, "que produz visão de verdade". Ressaltamos que, em Cícero (*Acad.*), "*visio*", "*visum*" e "*visionem*" são os termos latinos para a φαντασία estoica. Da mesma forma, "*quod videri visum comprehendible*" é uma expressão ciceroniana que refere-se à καταληπτικὴ φαντασία estoica. Logo, poderíamos dizer: "em um sentido, o que é claramente verdade e que,

produzindo impressão de verdade", que é, por sua vez, cataléptica, justamente por produzir tal impressão da verdade.

52. Herveti aqui explicita a correlação plausível-persuasivo, adicionando o termo πιθανόν em grego no corpo do texto latino, e outra expansão sem correspondência no grego, introduzindo agora a noção de provável: "τὸ πιθανὸν, *id est problabile et aptum ad persuadendum*".

53. Contra o estoico Zenão – para quem o critério de verdade eram as impressões que derivam de objetos existentes; que representam acuradamente esses objetos; e que estão estampadas nos órgãos sensoriais, e para quem, diante de impressões não catalépticas dever-se-ia suspender o juízo e rejeitar provisoriamente pretensões ao conhecimento e à ação correta – o acadêmico Arcesilao, no debate Academia X Stoá, argumentou que mesmo a distinção entre impressões catalépticas e não catalépticas não é clara e distinta e, portanto, é não cataléptica, e então, inclusive quanto a essa distinção, deve-se suspender o juízo. E Arcesilao fez isso por meio de uma série de exemplos que se tornariam célebres entre céticos, argumentando que há situações em que não há clareza mesmo se as impressões forem claras: a mesma torre que vista de longe é claramente quadrada para uns e igualmente claramente redonda para outros; a icterícia, que faz com que tudo seja claramente amarelo para os enfermos; o mesmo mel que é claramente amargo para os doentes e claramente doce para os sãos; a alucinação e a loucura, que fazem com que certas coisas sejam claras de uma maneira para o louco, enquanto são claramente de outras formas para os sãos; e o sonho, que é claramente real para quem dorme, e a "realidade", que é claramente real para quem está de vigília. Nesses casos (da torre, da icterícia, do mel, da loucura, da alucinação e do sonho), em que não há clareza e distinção (καταλήψεις) sobre a própria clareza nem distinção das percepções, portanto não é clara e distinta (ca-

taléptica) a diferença entre uma impressão cataléptica e uma não cataléptica, urge a suspensão do juízo (ἐποχή). Diante dessa argumentação de Arcesilao que, *grosso modo*, alega não haver critério para a distinção entre a impressão clara e a não clara, Zenão replicou que o critério era fornecido pelo próprio Estoicismo por meio da adesão incondicional ao dogma estoico e à palavra do sábio. Ao que Arcesilao treplicou que, se a palavra do sábio estoico é o que serve de critério para discernir entre uma impressão cataléptica e uma não cataléptica, e que o que faz do sábio um sábio é a adesão à impressão cataléptica, então Zenão estaria ingressando em um raciocínio circular: o sábio é o critério da καταλήψεις, por sua vez o que o faz sábio é a adesão à impressão cataléptica, sobre a qual ele é o próprio critério e isso o torna sábio; por sua vez, ser sábio é aderir à impressão cataléptica, e somente o sábio pode servir como critério para a καταλήψεις, e a adesão à impressão cataléptica é justamente o que o torna sábio. Defendendo-se, Zenão argumentou que uma vida vivida sem um critério de verdade era impossível (ἀπραξία), porque faria com que o homem não pudesse assentir, e o assentimento é justamente o que faz do ser humano, humano, e não um animal qualquer. A isso Arcesilao respondeu que um melhor critério para a ação que não reside em uma verdade seria o εὔλογος (ver: *Adv. Log.* I, 158): "O homem que suspende o juízo guiará suas escolhas e rejeições, e suas ações em geral, pelo padrão do razoável (τῷ εὐλόγῳ)". Esse termo foi pego emprestado dos estoicos, para quem uma proposição "razoável" ou "provável" é tal que "tem mais tendências a ser verdadeira do que a ser falsa" (*D.L.* VII, 76). Contudo, os acadêmicos posteriores, como Clitômaco e Carnéades, interpretaram εὔλογος de modo mais positivo. De acordo com Carnéades (*Adv. Log.* I, 166 em diante), mesmo não sendo possível ter certeza sobre a verdade de qualquer

φαντασία particular, ainda assim é possível utilizarmos, como critério prático para a ação, especialmente para a ação de conhecer e também para o exercício das τέχναι, o πιθανόν, provável ou plausível, porque não conflita com qualquer outra apresentação dada na mesma situação, e é assim persuasivo; e quanto mais provável ou plausível, testado considerando-se as circunstâncias nas quais as apresentações surgem, mais persuasivo da verdade será.

54. ἐνθύμημα corriqueiramente pode significar uma parte de um argumento. Por outro lado, pode significar o sentido de uma expressão, opondo-se assim, de uma certa forma, à λέξις, que pode ser a expressão literal ou o proferimento em si, embora raramente seja entendida de forma tão reduzida. Contudo, o sentido de ἐνθύμημα, aqui concernente à Retórica, é o de um silogismo hipotético extraído de premissas tão somente prováveis, opondo-se assim à prova (ἀποδεικτικὸς συλλογισμός). Ver: *Rhet.* 1355a6 e *APr.* 70a10.

55. τὸ δὲ τοὺς ἐνδεχομένους εὑρεῖν λόγους: literalmente, "a invenção de argumentos apropriados". Temos aqui uma referência a uma das partes tradicionais da Retórica clássica, conhecida como "Invenção" (εὕρεσις, no latim "Inventio"), relativa à tarefa de criar e encontrar argumentos apropriados ao caso em disputa. Após examinar o caso e determinar o ponto central em questão, denominado στάσις do discurso, o retórico então explora os meios possíveis de persuasão. Estes meios poderiam incluir desde coisas que o retórico não "inventa", como evidências diretas, testemunhos e documentos, até meios passíveis de invenção propriamente dita, tais como argumentos lógicos, desqualificação do caráter do adversário ou ainda provocação de determinadas afecções na audiência. Ver, a esse respeito: KENNEDY. *A New History of Classical Rhetoric*. Princeton: Princeton University Press, 1994. p.4-5;

HEATH, M. Invention. In: Porter, op. cit., p.89-120; Lanham, op. cit., p.91-2; Reboul, op. cit., p.44-54.

56. A tradução latina de Herveti usa aqui, pela primeira vez, um termo que expressa de modo mais claro a noção de existência: *"Quamobrem si neque materiam habet Rhetorica in qua artem exerceat, neque finem ad quem referatur, non potest existire"*.

57. Essa é uma divisão clássica da Retórica. Compare com *Rhet.* I iii, 3: "Donde resultam necessariamente três gêneros de discurso retórico: o gênero deliberativo, o gênero jurídico e o gênero demonstrativo". Com a diferença de que, em Aristóteles, o gênero encomiástico é uma das partes que compõem, junto com o gênero depreciativo, o gênero demonstrativo.

58. Observe a emenda de Mutschmann-Mau: [ἢ διὰ τῶν ἀδίκων μόνον].

59. Retórico siciliano famoso que atuou em torno de 460 a.C.

60. Exemplo interessante da aplicação dos termos típicos do ceticismo pirrônico (suspensão do juízo, perplexidade, equipolência dos argumentos) a um caso jurídico prático e concreto.

61. Um trocadilho com o nome "Córax", que significa "corvo" em grego.

62. No grego não há a alternativa "laudatória", mas nós a acrescentamos, seguindo Herveti, para deixar mais claro o trecho.

63. Busíris, Amico e Anteu eram filhos de Poseidon e, portanto, tinham nobre nascimento. Se a nobreza de berço deve ser elogiada, dever-se-ia elogiá-los. Contudo, o primeiro, sendo faraó no Egito e atraindo para lá más colheitas, prometeu aplacar a fúria dos deuses fazendo o sacrifício de um estrangeiro por ano. O segundo era um gigante sanguinário, rei dos Bebrícios. O último, extremamente forte e invencível quando com os pés no chão, por ser filho de Gaia, desafiava todos os viandantes que passavam por sua terra para o pancrácio; esses, por sua vez, após derrotados, eram mortos, e seus

esqueletos passavam a ornar o templo de Poseidon. Todos os três cometiam ações altamente réprobas para todos os gregos, que muito valorizavam a hospitalidade, ao matarem seus hóspedes. Busíris e Anteu foram mortos por Heracles, e Amico, por Pólux.

64. Deus dos mares, filho de Cronos e Reia e irmão de Zeus e Hades, entre outros.
65. Níobe foi uma esposa mítica de Anfião, rei de Tebas, muito pródiga de filhos, tendo quatorze ao todo, e se a fecundidade deve ser elogiada, dever-se-ia elogiá-la, mas ela insultara a Leto, e por isso foi punida.
66. Personagem central da *Odisseia*, de Homero, é um veterano da Guerra de Troia que, finda a guerra, tenta retornar para sua Ítaca natal, mas é amaldiçoado por Poseidon e sofre terríveis desventuras, abatendo-se sobre ele a feiura e a penúria. Se estas devem ser reprovadas, dever-se-ia reprovar o herói Odisseu.
67. Sobre o episódio citado, ver *Odyss.* IV, 244 em diante.
68. Perseu, herói filho de Zeus, é quem decapita Medusa a Górgona. Ao vagar pela Líbia, Perseu passou por penúria; se esta deve ser reprovada, dever-se-ia reprovar o herói Perseu.
69. Deus principal do panteão helênico, é filho de Cronos e Reia e irmão de Poseidon e Hades, entre outros.
70. Heracles, assim como os heróis supracitados, passou por penúria quando executava seus doze trabalhos, de modo que, se a penúria deve ser reprovada, dever-se-ia reprovar Heracles.
71. Herveti utiliza *"demostratio"*. Contudo, trata-se da teoria estoica da "prova", por isso nossa opção por esse vocábulo, em vez de "demonstração".
72. τοῖς σκεπτικοῖς ὑπομνήμασιν é, segundo Brochard, outro nome para os *Esboços pirrônicos* (BROCHARD, V. *Os céticos gregos*. São Paulo: Odysseus, 2010. p.323). Compare com *P.H.* II, 134: "Ora, está claro disso que a prova não é uma

questão sobre a qual há acordo; pois, se suspendemos o juízo sobre o signo, e a prova é também ela um signo, devemos necessariamente suspender o juízo sobre a prova". E *Adv. Log.* II, 299: "Mas, tendo em vista que a prova parece advir sob o gênero do signo e revelar a conclusão não evidente através de premissas acordadas, é talvez cabível incluir nossa investigação sobre a prova na nossa investigação sobre o signo".

73. Compare com *Adv. Gram.* 135: "Mas se o agregado das partes da sentença é concebido como sendo uma sentença, então, devido à agregação, não há nada fora das partes agregadas, assim como a distância não é nada além dos objetos que estão distantes, a sentença cujas partes não podem ser concebidas não será nada. E quando a totalidade da sentença não é nada, tampouco qualquer parte dela existirá. Assim como se não há mão esquerda não há destra, da mesma forma, se uma sentença não existe como um todo, tampouco existirão suas partes".

74. Trata-se da célebre noção estoica das ἀσωμάτοις λεκτοῖς. Para os estoicos, a Física é a parte da Filosofia que lida com o que, de modo geral, diz respeito ao mundo físico, começando por questões sobre a ἀρχή originária e incluindo ciências empíricas como a Astronomia e a Medicina, mas não só. Remonta ao próprio Zenão a asserção mais básica e fundamental dessa parte do sistema de que "tudo o que existe é corpóreo", porque, para ele, ser ou existir deve ser identificado com a corporeidade; assim, mesmo coisas que usualmente poderiam ser consideradas incorpóreas, como a alma, a justiça e a virtude, são tidas como corpóreas pelo Estoicismo. Então, em vez de atribuir existência somente ao que é fisicamente corpóreo, que propiciaria a rejeição automática da existência de coisas não físicas, como a excelência, gerando um problema, a solução de Zenão foi incluir algumas dessas coisas não físicas na categoria de corpóreos, como se fossem, por sua vez, coisas físicas. Ademais, para Zenão, há coisas que

podem ser reais, mas que não são corpos e que, portanto, não existem de acordo com a ontologia materialista estoica, mas que, não obstante, podem ser reais. Esses incorpóreos são quatro entidades que os estoicos não se arriscariam a afirmar que são nada, mas que não são corpos, embora sejam algo (τι): o vazio, o tempo, o lugar e os "dizíveis", "exprimíveis" ou "proferimentos" (λεκτά); assim, essas entidades são reais apesar de serem inexistentes. São objetos do pensamento e, como tal, em vez de existirem, subsistem; são entidades reais, mas fazem parte de uma realidade não existente. Pode-se ainda dizer que há incorpóreos que "concernem", além dos que subsistem, de modo que entre o passado, o presente e o futuro, o presente é mais concernente porque é, de certa forma, mais real do que passado e futuro, que são subsistentes. Voltando à categoria dos corpóreos, cabem nela todas as coisas que têm a capacidade de agir ou de sofrer ação, entre as quais estão a virtude, a justiça e também paus e pedras. Essa espécie de critério para a corporeidade aparece como um postulado emitido por Zenão em *Acad. pr.* 39, em uma discussão sobre Física: "Sua posição acerca dos princípios naturais foi a que se segue. Primeiro, ele não aceitou a adição aos quatro elementos daquela quinta natureza que seus predecessores imaginaram como a fonte dos sentidos e da mente: ele declarou que o fogo foi a natureza que trouxe o todo ao ser, e também a mente e os sentidos. Uma segunda discordância deveu-se à sua crença de que era impossível para algo sofrer uma ação causada por algo incorpóreo (é o que Xenócrates afirmou, juntamente com seus predecessores, que a mente era): o que age e o que sofre não poderiam ser incorpóreos". Então, para os estoicos, há o gênero ontológico supremo, que inclui todas as entidades reais, abaixo do qual há as classes dos existentes (corpóreos) e dos inexistentes (incorpóreos), mas que são subsistentes. Essa definição persistiu até o Estoicismo romano, embora já

houvesse a tendência eclética favorável a Platão, segundo a qual o "gênero supremo", "o que existe", é entendido como um universal, diluindo o nominalismo de Crisipo, que era muito aparente na primeira fase da Stoá. Ver *Ep.* 58, 11-15: "Todavia, há algo anterior ao corpo, pois dizemos que enquanto algumas coisas são corpóreas, outras são incorpóreas. Portanto, qual seria o gênero do qual se derivam? Aquele ao qual conferimos outrora um nome pouco apropriado: 'o que é'. Assim, com efeito, se dividiria em três espécies, de modo que dizemos: 'o que é' é bem corpóreo ou bem incorpóreo. Este é, por conseguinte, o gênero primeiro e mais importante e, por assim dizer, universal; os demais gêneros são, sem dúvida, gêneros, mas particulares, como homem é um gênero [...]. Aquele gênero, 'o que é', é universal, pois não tem nada sobre ele; é o princípio das coisas, e todas as coisas a ele se subordinam". Alexandre de Afrodisias, apesar de ter nascido cerca de 130 anos após a morte de Sêneca, parece ter tido acesso a fontes mais antigas do Estoicismo do que o próprio Sêneca, que, ademais, estava imerso nas discussões da própria escola e comprometido com suas próprias interpretações. Assim, Alexandre não trata "o que é" como universal, mas como um gênero mais geral: "Deste modo, poder-se-ia mostrar que os da Stoá não postulam adequadamente o algo como gênero do ser, pois se é algo, é algo, obviamente também um existente. Mas, se é um existente, poder-se-ia admitir o enunciado do existente. Aqueles, sem embargo, ao estabelecerem para si mesmos que o que existe se diz só dos corpos, poderiam evitar a dificuldade. É por isso, com efeito, que sustentam que o algo é mais genérico, dado que não se predica somente dos corpos, mas também dos incorpóreos" (*in Top.* 301, 19-302, 2).

75. Compare com *P.H.* II, 172: "Ora, a prova geral é inconsistente, dadas as seguintes razões. Ou ela tem ou não tem certas premissas e certa inferência. E se não tem, não é uma prova;

enquanto se tem premissas e inferência, então, tendo em vista que tudo o que prova ou é provado dessa forma pertence à classe dos 'particulares', a prova será particular; portanto, nenhuma prova geral é consistente".
76. Um dos tropos de Agripa. Ver: *P.H.* I, 164.

SOBRE O LIVRO

Formato: 14 x 21 cm
Mancha: 23 x 39 paicas
Tipologia: Venetian 301 12/14,7
Papel: Pólen Soft 80 g/m² (miolo)
Cartão Supremo 250 g/m² (capa)
1ª edição: 2013

EQUIPE DE REALIZAÇÃO

Capa
Andrea Yanaguita

Edição de Texto
Sâmia Rios (Copidesque)
Huendel Viana (Revisão)

Editoração Eletrônica
Eduardo Seiji Seki (Diagramação)

Assistência Editorial
Alberto Bononi
Jennifer Rangel de França

SÉRIE CLÁSSICOS

Cartas escritas da montanha
Jean-Jacques Rousseau

Lógica para principiantes
Pedro Abelardo

Escritos pré-críticos
Immanuel Kant

História natural da religião
David Hume

O mundo como vontade e como representação
Arthur Schopenhauer

Investigações sobre o entendimento humano
David Hume

Metafísica do Belo
Arthur Schopenhauer

Verbetes políticos da Enciclopédia
Denis Diderot e Jean Le Rond D'Alembert

O progresso do conhecimento
Francis Bacon

Cinco memórias sobre a instrução pública
Condorcet

Tratado da natureza humana
David Hume

Ciência e fé
Galileu Galilei

Os elementos
Euclides

Obras filosóficas
George Berkeley

Começo conjectural da história humana
Immanuel Kant

Hinos homéricos
Júlio César Rocha, André Henrique Rosa
e Wilson A. Ribeiro Jr. (Orgs.)

A evolução criadora
Henri Bergson

A construção do mundo histórico nas ciências humanas
Wilhelm Dilthey

O desespero humano
Søren Kierkegaard

Poesia completa de
Yu Xuanji

A escola da infância
Comenius

Cartas de
Claudio Monteverdi

Os Analectos
Confúcio

Tratado da esfera
Johannes de Sacrobosco

Rubáiyát
Omar Khayyám

A arte de roubar
D. Dimas Camándula

GRÁFICA PAYM
Tel. (011) 4392-3344
paym@terra.com.br